Pierre de Paschal

HISTORIOGRAPHE DU ROI

(1522-1565)

ÉTUDE BIOGRAPHIQUE ET LITTÉRAIRE

SUIVIE DE FRAGMENTS INÉDITS DE SES HISTOIRES

PAR

PAUL BONNEFON

LICENCIÉ EN DROIT

ANCIEN ÉLÈVE DE L'ÉCOLE SPÉCIALE DES LANGUES ORIENTALES VIVANTES,

ATTACHÉ A LA BIBLIOTHÈQUE DE L'ARSENAL.

PARIS

L. TECHENER, LIBRAIRE-ÉDITEUR,

52, rue de l'Arbre-Sec.

BORDEAUX

PAUL CHOLLET, LIBRAIRE-ÉDITEUR

53, Cours de l'Intendance.

1883.

PIERRE DE PASCHAL

HISTORIOGRAPHE DU ROI

Tirage à 90 exemplaires numérotés

N° 90.

Pierre de Paschal

HISTORIOGRAPHE DU ROI

(1522-1565)

ÉTUDE BIOGRAPHIQUE ET LITTÉRAIRE

SUIVIE DE FRAGMENTS INÉDITS DE SES HISTOIRES

PAR

PAUL BONNEFON

LICENCIÉ EN DROIT

ANCIEN ÉLÈVE DE L'ÉCOLE SPÉCIALE DES LANGUES ORIENTALES VIVANTES,

ATTACHÉ A LA BIBLIOTHÈQUE DE L'ARSENAL.

PARIS

L. TECHENER, LIBRAIRE-ÉDITEUR,

52, rue de l'Arbre-Sec.

BORDEAUX

PAUL CHOLLET, LIBRAIRE-ÉDITEUR

53, Cours de l'Intendance.

1883.

A M. PAUL LACROIX

(BIBLIOPHILE JACOB).

AVANT-PROPOS

Je me hasarde à livrer au public cette esquisse biographique et littéraire sur Pierre de Paschal (1), bien qu'elle soit assurément fort incomplète, me réservant de la compléter ou de la rectifier plus tard à fur et à mesure qu'il en sera besoin. Sans doute, les érudits de la Guyenne trouveront, dans ces quelques pages, beaucoup d'omissions et d'erreurs. Je les prie de les excuser en faveur de la jeunesse et de l'inexpérience de l'auteur.

Entreprise pour répondre à une question adressée, dans la *Revue des Bibliophiles*, aux savants de notre région, cette étude n'a vu le jour, malgré ses imperfections, que parce qu'il m'a paru piquant de consacrer mon premier travail historique à jeter quelque lumière sur la physionomie assez énigmatique de l'historiographe de Henry II, et de la publier

(1) J'écris son nom comme l'écrivaient la plus part de ses contemporains, comme on l'imprimait dans les documents officiels, notamment dans le *Privilège* de son *Eloge de Henri II* (15 décembre 1559), et dans l'extrait des registres du Parlement de Paris, publié à la page 35 de la présente notice.

ensuite chez un éditeur de Sauveterre, la triple patrie du héros, du biographe et de l'imprimeur !

Quelle que fut cependant la vivacité de mon désir, le sentiment de mon insuffisance m'eut peut être fait hésiter encore, si je n'avais été affectueusement encouragé. Je manquerais aux devoirs de la reconnaissance si je ne remerciais publiquement mon savant ami, M. Ph. Tamizey de Larroque, correspondant de l'Institut, de la bienveillance et de l'intérêt qu'il m'a toujours portés, au milieu de mes recherches. Non content de publier lui-même ces œuvres historiques, que tout le monde connait et dont l'éloge n'est plus à faire, il encourage aussi de ses conseils ceux qui débutent, il se plait à les aider à surmonter des difficultés hélas ! trop nombreuses, et l'on ne sait vraiment ce qu'il faut le plus admirer en lui de son érudition si vaste, si solide, ou de son obligeance, si délicate et si discrète.

P. B.

PIERRE DE PASCHAL

HISTORIOGRAPHE DU ROI

(1522-1565)

I

Seul de tous les biographes de Pierre de Paschal, Bernard de La Monnoye le fait naître à Sauveterre en Bazadois (1) ; les autres ne donnent aucun renseignement à ce sujet ou bien s'en tiennent à de vagues formules. En complétant l'indication de La Monnoye à l'aide de l'épitaphe de Paschal, nous savons que ce fut en 1522. Mais il existe, dans le midi de la France, tant de localités appelées Sauveterre (on en compte douze de quelque importance), que

---

(1) *Bibliothèque* de La Croix du Maine, T. II, p. 309. L'édition de 1772 de la même *Bibliothèque* se contente de présenter Paschal comme « un gentilhomme du bas pays de Languedoc, homme très docte et grand historien latin et françois (T. II, p. 303). » Du Verdier ne parle pas le moins du monde de la patrie de Paschal (T. V, p. 309-314).

M. Tamizey de Larroque (1) s'est prudemment demandé si Sauveterre en Bazadois, — actuellement Sauveterre-de-Guyenne, chef-lieu de canton du département de la Gironde, — était réellement la patrie de l'historiographe de Henri II et a interrogé les savants de la région pour savoir si l'on ne conservait pas aux archives de Sauveterre ou ailleurs quelque document capable de résoudre ce petit problème. J'ai déjà dit que toutes mes recherches à ce propos étaient demeurées infructueuses et le motif de cet insuccès (2) ; j'ai rapproché en outre de l'affirmation de La Monnoye celle d'un autre contemporain de Paschal, Jean Gelida, alors professeur au collége de Guyenne, à Bordeaux, qui écrit en marge d'une lettre adressée à Paschal. « *Hic Aquitanus erat*, Salvaterren-

(1) Voir la *Revue des Bibliophiles*, nos de mars 1879, février 1880 et janvier 1882.

(2) En 1814, la municipalité de Sauveterre, pour se créer des ressources, décida qu'on imposerait un droit de place sur le bétail. Malgré les murmures des habitants des campagnes, l'arrêté fut mis à exécution le jour de la foire de Pâques. Les laboureurs se révoltèrent et, quoique la présence de plusieurs brigades de gendarmerie eût dû en imposer, ils refusèrent de payer l'impôt. Puis, par un acte brutal et barbare, ils se portèrent en foule à la mairie, en arrachèrent les archives, démolirent les planchers et firent brûler le tout sur la place du marché. Ils ne voulaient rien moins que mettre à mort le maire, qu'on poursuivit sur les toits et qui fut assez heureux pour se réfugier dans une maison particulière. Ce vandalisme des populations rurales fit perdre, ainsi que le prouve un état du mobilier et des papiers appartenant à la mairie de Sauveterre en 1812, 66 registres de l'état-civil à dater du 7 Juin 1679 et d'autres pièces précieuses pour l'histoire de cette cité, qui auraient pu probablement nous fournir des renseignements, sur la famille de Pierre de Paschal. Une partie des archives de la ville avait déjà été brulée en 1793.

sis (1). Si l'on considère d'une part le silence ou le peu de précision des autres biographes de Paschal, et de l'autre l'impossibilité de se procurer toute pièce officielle, ces deux indications, se corroborant l'une l'autre, me semblent répondre à la question d'une façon aussi claire que précise.

De quelle famille Pierre de Paschal était-il issu ? Nous l'ignorons (2) ; nous savons seulement par sa correspondance qu'il avait un frère nommé Jacques et un oncle paternel, Jean de Paschal, qui fut chanoine d'Agde et auquel il adresse un billet laconique (p. 138). Nous apprenons aussi, par le même moyen, qu'il était allié au célèbre humaniste Claude Baduel, recteur du collège de Nîmes (3).

Il nous apprend encore lui-même que sa jeunesse se passa au collège de Carpentras, alors prospère sous la direction de Jacques Bording. On sait quel vif amour l'illustre évêque de Carpentras, le cardinal Sadolet, avait pour les lettres ; il connaissait les bienfaits de l'instruction et avait publié un

---

(1) *Joanis Gelidæ Valentini*, *Burdegalensis ludimagistri*, *epistolæ aliquot et carmina*. Rochellæ, 1571, in-8°. Lettre 42.

(2) Un autre Pierre de Paschal, licencié en droit, était en 1595 maître des requêtes du roi de Navarre et Juge à Rions, ainsi qu'il appert des privilèges de cette ville publiés dans les *Comptes-Rendus de la commission des monuments historiques du département de la Gironde*, année 1851, p. 29. C'est probablement lui qui déposa, le 9 décembre 1613, dans l'inquisition sur l'âge, la vie et les mœurs de Pierre de Lestonnac *(Archives historiques de la Gironde*, t. VIII, p. 289).

(3) On peut consulter sur ce personnage l'intéressante et consciencieuse étude que vient de lui consacrer M. J. Gaufrès (*Claude Baduel et la Réforme des études au XVIe siècle*, par M. J. GAUFRÈS. Paris, 1881, in-8°).

traité profond sur la bonne éducation des enfants (1). Aussi quel fut son chagrin, en arrivant dans la ville dont l'administration spirituelle lui avait été confiée, de la trouver plongée dans l'ignorance la plus complète des lettres et des beaux-arts. On n'y enseignait guère que la pratique du droit civil, non pour rendre l'homme meilleur, mais, comme il le dit lui-même, pour apprendre à gagner de l'argent, *non ut discerent homines vivere liberaliter, sed ut lucro et arcæ consulerent.* Ce lamentable état de choses attrista vivement le savant prélat et aucun sacrifice ne lui coûta pour le faire cesser au plus vite : il donna de sa bourse, pourtant assez mal garnie, soixante écus d'or par an, outre la table et le logement, à un jeune professeur écossais, du nom de Florentius, qu'il avait fait venir à Carpentras pour y enseigner le latin et le grec et qui avait étudié les lettres et la philosophie dans son pays, puis à Paris, où il avait été précepteur du neveu du cardinal d'York.

Ce fut à cette époque que Pierre de Paschal séjourna au collége de Carpentras.

Le régent, Jacques Bording, homme érudit et médecin renommé, avait fait à Montpellier grâce à la protection de l'évêque de Mendes d'excellentes études et c'est à la mort de ce prélat, en 1530, qu'il avait été nommé régent du collége de Carpentras. La durée de son rectorat ne semble pas avoir

---

(1) *De liberis rectè instituendis*, Venise, 1533. Il en a été donné, en 1855, une édition sous ce titre : *Traité d'éducation du cardinal Sadolet et vie de l'auteur par Antoine Florebelli traduits pour la première fois avec texte latin, notes explicatives et justificatives* par P. CHARPENNE. Paris, in-8°).

été stérile : il s'adonna encore davantage à la science et alla peu après prendre à Bologne le bonnet de docteur. Mais il revint aussitôt dans la capitale du Comtat-Venaissin, où l'instruction commençait à devenir florissante sous la généreuse impulsion de Sadolet et où Bording se proposait de passer le reste de ses jours (1). Malheureusement le régent embrassa le calvinisme et quelle que fut la tolérance de Sadolet, il ne pouvait, lui, cardinal de l'église romaine, confier à un hérétique cette fonction sacrée entre toutes de l'éducation. Bording quitta donc la France et alla se retirer à Anvers, sa patrie, où il exerça son art et professa avec succès pendant cinq ans. Il fut remplacé dans sa charge par Claude Baduel (2).

Cette solide direction eût une influence sur l'âme ardente de Paschal : il conserva toujours une vive reconnaissance à son maître Bording, si consommé dans les belles lettres, et il vénéra toujours le caractère si conciliant et si libéral du cardinal Sadolet, cette douce figure d'évêque, tout entier à la charité et à ses études favorites, sur laquelle l'œil aime à se reposer au milieu des luttes fanatiques et de l'intolérance de ce siècle. Sur les bancs du collège, Paschal s'exerçait déjà,

---

(1) *Dictionnaire historique, biographique et bibliographique du département de Vaucluse*, par le Dr Barjavel. (Carpentras, 1841, 2 vol. in-8º), verbo *Bording*. Les documents sur Bording étant fort rares, je crois utile de noter ici que l'épitaphe assez détaillée de ce savant se trouve dans Swertius, *Selectæ christianiæ orbis deliciæ*, Cologne, 1622, p. 535.

(2) Gaufrès, *Claude Baduel et la Réforme des études au XVIe siècle*, p. 129.

ainsi que l'atteste sa correspondance, à composer des lettres et des discours.

Ces premiers essais arrivèrent aux oreilles du cardinal d'Armagnac (1). Amateur des lettres et charitable comme Sadolet, Georges d'Armagnac traitait comme lui avec libéralité les littérateurs de son temps : témoins Philandrier, l'annotateur de Quintilien, Guillaume le Blanc, le traducteur de Xiphilin, Arnaud Sorbin et Paschal lui-même. Ambassadeur de François I à Venise, puis à Rome, ce prélat rendit à la science, dans ce dernier poste, de grands et signalés services: » On ne vantera jamais assez, dit M. Tamizey de Larroque (2), le dévouement avec lequel Georges d'Armagnac fut le protecteur, à Rome, de la noble cause de la science. C'est là, sans contredit, un de ses plus beaux titres

---

(1) Le cardinal d'Armagnac est trop connu pour lui consacrer ici une notice et son existence trop bien remplie pour espérer la résumer en quelques lignes. Disons seulement qu'oublié ou défiguré par la plupart des biographies contemporaines, il a vu s'opérer en sa faveur une réaction favorable, dont mon illustre et vénéré maître, M. E. Miller, de l'Académie des Inscriptions et Belles-Lettres, a donné le signal en publiant sur un épisode de la vie de ce savant prélat, ami et protecteur des lettres, quelques pages pleines d'érudition (*De quelques marbres antiques envoyés d'Italie au connétable Anne de Montmorency pendant l'année 1555*. Extrait de *la Gazette des Beaux-Arts*, s. d.). La publication des lettres du cardinal d'Armagnac par M. Tamizey de Larroque est venue ensuite éclairer davantage la carrière diplomatique de l'évêque de Rhodez. Espérons que la nouvelle correspondance inédite que le savant chercheur nous promet sous le n° 7 de ses *Plaquettes Gontaudaises* sera précédée d'une préface substantielle, comme il sait les faire, et qui sera le dernier mot de l'histoire sur le cardinal d'Armagnac.

(2) *Lettres inédites du cardinal d'Armagnac*, 1874, in-8°. Introduction, p. 18.

de gloire. Pendant toute la durée de son séjour dans l'ancienne capitale du monde, mêlant l'ardeur à la persévérance, il rechercha les meilleurs manuscrits grecs et latins qui étaient ensevelis sous la poussière des bibliothèques, achetant les uns pour les envoyer en France, faisant transcrire les autres par un calligraphe renommé (1). Non content d'enrichir les collections de Henri II et de Catherine de Médicis des plus précieux de tous les documents gardés en Italie, il chargea plusieurs érudits d'explorer, au profit des mêmes collections, diverses autres régions de l'Europe, et la Grèce en particulier. De plus, il paya les frais d'impression d'ouvrages qui, sans son assistance, n'auraient pu être mis en lumière ; il combla de ses bienfaits plusieurs savants, plusieurs poètes, plusieurs artistes ; en un mot, il y eut quelque chose de royal dans l'inépuisable générosité avec laquelle, alors et jusqu'à son dernier jour, il favorisa les efforts de presque tous les hommes distingués de son temps, et contribua, pour une si large et si brillante part, à ce magnifique développement de l'esprit humain qui donne un rang hors ligne au seizième siècle dans l'histoire de la civilisation ».

Pierre de Paschal trouva dans le cardinal d'Armagnac un protecteur et un Mécène. Il l'amena avec lui à Rome pour le perfectionner dans la science de l'antiquité. Ecoutons plutôt Paschal raconter lui-même à son ami Mauléon Durban (2)

---

(1) Christophe Awer, sur lequel on peut consulter M. L. Delisle, *le Cabinet des manuscrits*, T. I. p. 154.

(2) Pierre Michel de Mauléon, protonotaire de Durban, était fils de Jean III de Noé, grand écuyer, et de Léonor de Mauléon, fille de Jean de Mauléon, seigneur de Durban, au comté de Foix. Comme Paschal, il était fort lié avec les principaux littérateurs de son temps.

comment il passe ses journées dans la ville éternelle :

« Si mes lettres ne te sont pas parvenues, apprends comment nous passons l'hiver ici. Nous le passons, tu peux m'en croire, d'une façon fort agréable, car je consacre ma journée, [depuis l'aube (1) jusqu'à dix heures], à Cicéron, avec lequel, grâce au ciel, je suis rentré en grâces. De dix heures à midi, je me promène en ville, pour amasser de l'appétit. Cette vue me fait éprouver des émotions variées. Je suis comblé de joie lorsque je puis voir ces maisons particulières où tant d'hommes d'une vertu si remarquable sont nés et ont été élevés, où ils ont fait des actions si admirables, ces héros qui protégeaient leur ville et l'univers entier, en leur faisant un rempart de leur courage et de leur grandeur d'âme. C'est là qu'ils furent puissants par leur crédit, par l'autorité de leurs exploits et de leurs vertus. Et en remontant aussi loin que je puis dans le passé, je songe que je suis sur ce sol, dans ces contrées que les Siciliens occupèrent tout d'abord, et que possédèrent après eux les Aborigènes. Saturne, Janus, Faune, Hercule, que l'antiquité mit aux rangs des dieux, y régnèrent. Je vois les derniers vestiges de leurs temples ou de leurs tombeaux. Et, pour en arriver à des temps plus rapprochés, de quelle joie je suis rempli, lorsque je vois au capitole, cette louve dont parle Cicéron, allaitant Romulus et Rémus ? quand j'aperçois le mont Aventin au sommet duquel se tenait Rémus lorsqu'il consultait les augures, ou le mont Palatin sur lequel était Romulus ! Je m'imagine voir

(1) L'influence cicéronienne est palpable dans toutes les œuvres de Paschal et cette lettre notamment renferme un grand nombre de réminiscences du grand orateur.

les vautours dans leur vol, et Rémus attristé par l'augure défavorable, tandis que son frère se réjouit de cet heureux présage. Ce m'est un plaisir incroyable de fouler ce sol que des rois, des consuls, des empereurs, maîtres de la terre entière, ont foulé avant moi. J'aime me trouver sous ce ciel, respirer l'air que respirèrent autrefois tant de poètes, de philosophes, d'orateurs, tant d'hommes qui excellèrent dans tous les arts. C'est là ce que nous montrent les statues d'airain, les inscriptions, les livres eux-mêmes, dans lesquels nous pouvons voir leur vie comme dans un miroir. Je suis ému aussi et anxieux, lorsque je considère ce que fut Rome et ce qu'elle est actuellement. Je ne parle pas de la ville détruite et déserte, des voies Appienne et Aurélienne obstruées par les broussailles, des colonnes, des temples, des portiques, des statues d'airain ou de marbre brisées et en morceaux : tout cela me touche peu, car je sais que tout ce qui a été fait par la main des hommes est sujet à la destruction. Mais quelle tristesse penses-tu que j'éprouve, lorsque je considère ces hommes, qui, quoi qu'ils fassent, semblent divins et immortels, si dégénérés de leurs ancêtres qu'on ne les croirait jamais engendrés par eux ? Voilà ce qui me tourmente, mon cher Durban. Car si tu voulais trouver à Rome des Manlius, des Gracchus, des Scaurus, des Marius, des Metellus, des Brutus, des Cicéron, des Lentulus, il faudrait, sois en sûr, les évoquer du fond des enfers. Combien en effet y a-t-il à Rome de Romains cultivant la vertu et les belles-lettres ? Si l'on excepte quelques délicats, fort peu nombreux d'ailleurs, tout le reste est ignorant et à demi-barbare. Aussi, lorsque je regarde la ville depuis un endroit élevé, je ne puis m'empêcher de gémir et je me dis en soupirant : « Où donc est-elle cette Rome jadis si florissante ? où est-il ce sénat qui, dans sa splendeur, lui donnait des lois ainsi qu'au monde entier ? où sont ces citoyens de choix, avec leurs beaux arts et leurs doctrines libérales ? Sans elles, le tombeau qui renferme leurs os, aurait aussi anéanti leur nom. Mais il resplendit et resplendira autant que le soleil, car leur mort est embellie par les monuments impérissables de l'art. A Rome, me diras-tu, il y a des poètes, des philosophes, des orateurs ? Assurément, mais tu ne voudrais ni les voir ni les entendre. On y appelle poètes des mimes, des histrions, des comédiens qui débitent, en s'enivrant de rue en rue, quelques chansons vulgaires faisant rire les femmes et dont les vers et le rythme sont pleins de libertinage. Les philosophes sont de cette secte qui mesure toute chose au plaisir. Quant aux orateurs, ils se croient parfaits quand ils plaident l'une ou l'autre cause brièvement et séchement ; ils ont à peine lu Cicéron et n'ont jamais lu Démosthène. En un mot, la barbarie et le provincialisme sont tels à Rome que depuis longtemps déjà elle ne produit plus que de mauvais poètes et des orateurs détestables. Mais où donc, en parlant de cela, me suis-je laissé entraîner ? Je reviens à moi-même : à diner, je me rends chez le cardinal d'Armagnac auprès de Corneillan (1) et de Philandrier (2), avec lesquels tu me sais fort lié et qui s'adonnent aux lettres et aux arts et là, nous passons le temps à converser diversement. Ensuite je me rends sur le Vatican, le Quirinal, le Virginal

---

(1) Jacques de Corneillan, évêque de Vabres (1554-1560), où il avait succédé au cardinal d'Armagnac.

(2) Guillaume Philandrier était lecteur de Georges d'Armagnac depuis 1533 : il le suivit à Venise, à Rome et mourut pendant qu'il était son hôte, dans le palais archiépiscopal de Toulouse, le 18 février 1565.

ou bien là où m'amène Blæsius, qui nous aime beaucoup tous deux. Parfois je creuse avec mes doigts les inscriptions de marbre qui louent les anciens et nous les transcrivons. Je rentre dans ma chambre à coucher et, suivant mon habitude, je veille fort avant dans la nuit. Puis, le lendemain, je recommence ma journée de la même façon. »

Qu'elles sont empoulées, ces doléances sur la décadence romaine, et combien est plus vrai, dans sa brusque franchise, le mot célèbre du grand Frédéric à sa sœur, la margrave de Baireuth : « Si Jules César revenait au monde, que dirait-il en voyant sa patrie aux mains de ces Iroquois ? »

Paschal sut profiter de son séjour dans la ville éternelle : il y prit ses grades de docteur en droit et prononça, à cette occasion, un discours latin sur *les Loix*, sur lequel nous aurons à revenir plus loin. Ce fut sans nul doute au mois de Janvier 1548, car il écrit à son ami Mauléon Durban, le 5 février, qu'il a passé tout le mois de Janvier à mettre la dernière main à son œuvre et se propose d'examiner soigneusement, durant le mois de février, les monuments antiques de Rome.

La science et l'étude n'absorbaient cependant pas tous ses instants. Il avait quelque amourette en tête et il songeait parfois à celle qu'il avait laissée en France ; sa correspondance le témoigne, mais sans nous donner le nom de la dame de ses pensées. On a prétendu que c'était mademoiselle de Rivière (1), j'ignore sur quelle preuve cette assertion est fon-

(1) *Dernières poésies d'Olivier de Magny* avec notice et index par E. Courbet, 1881, in-12, p. 123. Le jeu de mot de Magny se trouve dans le *Gayetez*, édition Courbet, p. 1.

dée, car je n'ai rencontré ce détail ni dans Paschal ni dans ses contemporains. La chose me paraît toutefois assez vraisemblable. Elle explique un jeu de mot d'Olivier de Magny et quelques allusions de Paschal lui-même.

Pascal se proposait de visiter le sud de l'Italie et de pousser jusqu'en Sicile, lorsqu'un évènement imprévu vint changer ses projets. Ce fait tient trop de place dans son existence pour ne pas le raconter ici avec quelques détails.

La célèbre université de Padoue était alors dans toute sa splendeur. Possédée par Venise depuis la paix générale de 1516, elle voyait s'ouvrir pour elle, sous les auspices de la puissante république, une ère de prospérité et de grandeur. L'institution des *Réformateurs* (1), destinés dans la pensée du Sénat à refondre l'université, à la réformer et à lui donner une nouvelle vigueur et un nouveau lustre, était venue contribuer pour une large part à ce relèvement. Aussi les élèves accouraient-ils en foule de tous côtés autour des maîtres les plus érudits et les plus renommés du monde savant.

---

(1) « Ces réformateurs étaient au nombre de trois et restaient en fonctions pendant deux années ; ils ne pouvaient point être réélus à l'expiration de leur mandat et devaient attendre une période de deux autres années avant de rentrer en fonctions. Ils résidaient à Venise, car ils avaient la charge de tout ce qui intéressait l'instruction publique dans toutes ses branches, dans toutes ses ramifications. En ce qui touche l'établissement de Padoue même, ils avaient la haute main sur toutes choses, proposaient le choix des professeurs, des répétiteurs, la fondation des chaires nouvelles, fixaient les appointements, établissaient les règles d'étude, surveillaient la discipline, examinaient la méthode, signalaient les abus et censuraient l'esprit et les doctrines. » (Charles Yriarte, *loco citato*).

Il n'y eut jamais moins de mille élèves à demeure. « Dans certains cas, dit M. Charles Yriarte (1), cette jeunesse pleine d'effervescence, qui comptait parmi ses membres des nobles infatués des privilèges que leur conférait leur qualité de Patricien, bien pourvue d'argent, turbulente comme on l'est à cet âge, remplissait de clameurs la ville da Padoue, s'ingéniait à tyranniser les habitants paisibles, et souvent même ne respectait point ces nobles de Terre Ferme qui se trouvaient toujours dans une situation inférieure vis-à-vis des Patriciens de Venise. Il y eut aussi de ces rivalités entre élèves et entre écoles, qui dégénérèrent en luttes armées ; parfois les prétentions des coteries littéraires ou scientifiques devinrent aussi dangereuses que les divisions des Capulets et des Montaigus : telle fut la rivalité entre les élèves des Jésuites et ceux de l'Université. Mais le gouvernement de la République, qui sentait le danger de telles dissensions, arma peu-à-peu les Réformateurs de droits plus étendus ; et, comme la première de toutes les répressions et la plus naturelle consistait à interdire l'entrée des cours à tout élève en état de rébellion, il en résultait, pour celui qui était rayé des listes d'inscription, un dommage réel, une impossibilité d'avancer dans sa carrière qui le ramenait bientôt à la soumission. Ce qui nous paraît avoir été le délit le plus ordinaire, c'est celui commis par les élèves contre le paisible bourgeois de Padoue, plastron habituel des jeunes nobles en bonne humeur. « Telle est l'insolence de ces élèves de l'Université que les bourgeois semblent en être devenus les valets, » lisons-nous dans une

---

(1) Charles Yriarte, *La vie d'un Patricien à Venise au seizième siècle*, Paris, in-8°. Chapitre X, *L'université de Padoue*.

chronique de Padoue manuscrite, datée de 1516-1520 (1); et c'est, selon nous, toute une peinture des troubles ordinairement inséparables de ces réunions considérables de jeunes hommes. On voit d'ici les *brimades*, les mystificatione solennelles, les processions grotesques, les alertes nocturnes peu meurtrières, mais toujours compromettantes pour le repos des bourgeois de Padoue ».

Une nouvelle cause de discordes nombreuses et sanglantes était l'élection des professeurs, dont le choix était laissé aux élèves. Ces désordres furent même si considérables que la République enleva ce privilège aux élèves, au milieu du seizième siècle, pour le donner aux réformateurs, qu'elle investit en outre, en 1560, des mêmes droits que les Juges ordinaires.

Dans une de ces insurrections, un jeune écolier français, Jean de Mauléon, envoyé à Padoue par sa famille pour s'y former aux belles lettres, fut massacré par ses camarades. Voici comment Paschal, chargé plus tard de demander vengeance de ce meurtre, rapporte le fait dans le discours qu'il prononça à cette occasion dans le sénat vénitien : l'absence de documents originaux sur l'université à cette époque dans les archives de la République donnera un intérêt de plus à ce morceau (2).

(1) Chron. of Padua (1516-1520). Add. 8600 du catalogue des manuscrits. British Museum.

(2) « Nous ne croyons pas qu'il soit possible de recourir aux documents originaux de première main pour étudier la constitution de l'Université dès les premières années de la réforme. Toutes les recherches que nous avons faites, à cet effet, aux archives des *Frari*, ont été infructueuses. Dans cette branche, comme dans toutes les autres,

Après avoir fait remonter, par une exagération bien permise alors, la famille de Mauléon aux Manlius de l'ancienne Rome, car Lucius Manlius, selon lui, serait venu s'établir en Aquitaine, dans un endroit dont le « trop long temps a changé quelque peu le nom, comme il fait toutes autres choses, parquoy aujourd'huy nomment ce lieu Mauléon, au lieu de Manléon, et les gens Mauléons, une lettre seulement changée », Paschal continue ainsi :

« Germain de Mauléon, P. C., fut seneschal de son pays, et, comme vous avez entendu, d'une maison de grand' noblesse : fut de grand' expérience au faict des armes, et autant favory, comme il estoit loyal à l'endroit de son prince. Cestuy-ci eut en mariage Marguerite de Bruyeres tres honneste femme et sortie de maison honorable, avec laquelle il engendra François et Jehan Mauleons, ensemble plusieurs filles (1), qu'il n'eut pas loisir de veoir grandes et

---

le contrôle du Sénat et du grand conseil était certainement incessant, et les rapports entre les réformateurs et ceux qui les avaient élus étaient très-nombreux ; mais les documents antérieurs au seizième siècle auront sans doute disparu, avec les pièces diplomatiques, dans l'incendie du palais ducal (1577). — Les délibérations du Sénat relatives aux Réformateurs et à l'Université faisaient l'objet d'un registre spécial, sous le titre : *Registro delle parti prese in Senato (Magistrato dei Reformatori delle studio di Padova)* ». La série de ces registres, conservés aux archives de Venise, ne commence qu'en 1607 pour s'arrêter en 1754 — Les *Relations* des premiers Réformateurs, au sortir de leur charge, auraient été du plus haut intérêt, mais elles n'existent dans le recueil manuscrit classé sous ce titre : *Lettere dei Rettori et di altri Rappresentati — Professori scolari e privati ai Riformatori in varie materie*, — que depuis 1601 jusqu'en 1790, c'est-à-dire après l'époque qui nous occupe ». (Charles Yriarte, *loco citato*).

(1) Il y en avait trois : la vicomtesse de Couserans, madame d'Arignac et la troisième qui entra en religion.

belles, pource que la mort trop hastée osta au roy et aux siens ceste honorable personne. Mais pourquoy dis-je trop hastée ? plustost cette mort lui vint à bonne heure, et luy fut grandement souhaitable, car il ne semble pas qu'il deust desirer d'estre en cette vie plus longuement, afin qu'il veist tué, haché et despecé son fils, qui estoit l'image de son esprit et de son corps, lequel pour le merveilleux commencement de vertu il avoit toujours entre ses mains, lequel il embrassoit, auquel il esperoit se reposer en vieillesse et lequel il avoit plus cher que sa propre vie. Ce pere trespassé, P. C., toute la charge de ceste maison parvint à J. de Mauléon, Evesque de Commenge, lequel a toujours sainctement et affectueusement soustenu le vefvage et solitarité de sa belle sœur, a marié les filles à nobles et riches personnages, et a non seulement entretenu toute ceste maison, mais encore l'a-il de beaucoup augmentée. Il meist peine que François l'aisné feut instruict premièrement aux lettres, et puis après aux armes, en quoy il s'est exercité tant diligemment qu'à la haulteur de courage, laquelle il avoit receu grande de nature, il avoit adjousté une singulière cognoissance de l'art militaire, la vertu duquel a esté ces dernières guerres vueue et cogneue de tous les François. De ceulx cy, P. C., je fay mention plus voluntiers, afin que durant que je parleray, vous tenez devant leur image et souvenance, et afin que ceulx que vous ne pouvez veoir par les yeulx, a tout le moins par esprit vous les contemplez. Ils sont ici, je dy qu'ils sont ici tous et taisiblement quand et moi parlent : pour le Dieu immortel regardez avec voz esprits leur tristesse. Mais à propos de J. de Mauléon puisné, il entretint l'enfance aux lettres et l'informa de toutes bonnes meurs. Cestuy ci incontinent qu'il devint grandet, fut bien fort studieux de toutes sciences, et tous les honnestes arts apprint par extreme desir et diligence. Je taiseray maintes choses véritables, P. C., d'autant que semblent estre un peu loing de nostre propos, et adresseray toute mon oraison à ce J. de Mauléon, lequel deja sçavant presque en toutes lettres, afin qu'il ne feust estimé ignorant des choses et des exemples de l'antiquité, entreprint voyager plusieurs terres estranges. Doncq' premièrement le desir de voir l'Italie et la demeure de ses ancestres, le ravit du giron de sa mere, des mains de son oncle, des bras de ses parens et de toute la Guyenne. Et comme il eut entendu qu'il n'estoit à Rome aucune republique en laquelle il peut reconnoistre la majesté de cette vieille Rome, vint ici, P. C., à Padoue et s'arresta quelques mois pour estudier en droict civil, avec intention toutefois que passé l'esté, il prendroit son chemin de Rome : mais sa fortune, ou plustost la cruaulté des meschans, a de beaucoup trompé son espérance. Car le trentiesme jour de Juillet, escoutez P. C. un énorme cas et horrible, Estienne Roger homme temeraire et audacieux à toute sorte d'abominables crimes, faicte assemblée de gens enragez et perduz, vient au logis auquel ce tant honeste jeune homme estoit logé, rompent les portes, poulsent les armes, entrent dedans. Par l'effray tant soubdain et non attendu fut osté à ces povres l'entendement et advis : à peine se peuvent revenir de tant de crainte, et moins resister à l'estourdie fureur et meschanceté tant inhumaine. Ils se retirent en leur chambre : les austres opiniastrement et aigrement les poursuyvent. Mauléon voyant qu'il ne pouvoit soustenir cette rigueur et férocité, leur demanda mercy : le semblable feirent Pausader et le Villar, en pleurant, à genoils et les mains estendues. Lesquels voyant ceulx cy perseverer de plus en plus à leur faire oultrage, et que par aucunes prieres ne pouvoyent repoulser la force, ny restraindre la chaulde cholere, enflambez ou d'amour ou de misericorde ou bien de tous les deux ensemble, oublians leur propre vie, avec les mains nues, le doz, le gozier, la teste et finablement avec tout le corps couvrirent leur maistre autant qu'il fut possible. O nobles et louables serviteurs, qui avec vostre mort voulustes acheter la vie de vostre maistre ! certes comme de ceulx cy la postérité détestera la damnable cruaulté, tout ainsi vostre service et fidélité sera perpétuellement leuée. Finablement attaincts de plusieurs et mortels coups tomberent aux pieds de leur pauvre maistre, lequel tost après estant sans armes, et presque nud, blesserent d'un grand nombre de profondes playes, de sorte que n'ayant plus de sang, et presque au dernier esprit, il seroit tombé sur le corps de ses serviteurs estenduz et decouppez, et afin que l'extreme malice ne feust pas obliée, a peine s'arrestèrent ils de frapper, encor après que furent tres las : si bien qu'on peult dire qu'ils ont usé de leur insatiable cruaulté, plustost contre les trespassez, que contre ceux qui fussent en vie (1) ».

L'atrocité de ce meurtre et les qualités de la victime émurent les diplomates français près les cours italiennes. Le cardinal d'Armagnac chercha à obtenir prompte justice ; M. de Thermes, alors en Piémont, s'intéressa aussi à cette affaire et M. de Morvilliers, évêque d'Orléans, ambassadeur du roi à Venise, écrivit au connétable Anne de Montmorency, le 31 juillet 1547, pour lui annoncer le trépas funeste de Jean

---

(1) L'oraison de M. Pierre Paschal, prononcée au sénat de Venise, contre les meurtriers de l'Archidiacre de Mauléon, traduicte du latin en françois par le Protonotaire Durban. *Paris*, 1549, pet. in-8°.

de Mauléon. Sa lettre, sobre et mesurée, est plus digne de foi que le récit d'un avocat, surtout d'un avocat gascon.

. . . .

Monseigneur, la nuict de vendredy dernier à Padoue, aucuns escolliers v.entins et Bressans assemblés en armes avec grand nombre daustres qu'ils avoient fait venir expressement pour les brigues de l'Université qui se font en ceste saison, allerent assaillir le logis d'un jeune gentilhomme françois et frere du Sr de Mauléon, panetier du Roy, comme j'ay entendu estant venu puis peu de jours estudier audit Padoue ; et combien que ledit de Mauléon ne se fust en quelque manière que ce soit entremis ne meslé de leurs brigues, et qu'il n'eust ministré non seullement connoissance avec aucun dessus dits, ainsi que le Potestat mesme par bonne information la mandé a ses seigneurs, toutesfois quelques douces prieres ne remonstrances qu'il leur pust faire forcerent furieusement son logis ; et dedans sa chambre ou il sestoit retiré le tuerent plus inhumainement que je ne vous sçaurois escrire ; et avec luy deux siens serviteurs. Le meurtre fait, ils saccagerent tout ce qu'il avoit, que l'on estime a plus de cinq ou six cens escus dargent, car ny a gueres qu'il avoit reçeu sept ou huit cens escus, et se gouvernoit sagement, et oustre lui osterent du col une chesne et quelques anneaux qu'il avoit aux doigts. Ces seigneurs (de Padoue) font demonstration d'estre merveilleusement deplaisans du cas et promettent d'en faire justice telle que lenormité le requiert ; et ja y en a de prisonniers a Padoue jusques au nombre de dix-sept ou dix-huict. Je doutte neantmoins que ceste flamme ne se convertisse en fumée pour les faveurs que aucuns des coulpables et complices du crime pourront avoir icy, ou que la vengeance ne se face pas tant contre les personnes que contre les biens, la confiscation desquels vient aux usages de la Republique, et estimeront en procedant par bannissements et confiscations, comme est leur coutume, avoir fait londigne reparation. Et pourtant, monseigneur, que le cas de soy est tant enorme quil ny a peine assez griefue pour le punir et porte grande consequence pour la seureté des jeunes hommes françois que lon envoie en Italie quil en soit fait justice exemplaire. Il m'a semblé appartenir à mon devoir de vous en advertir affin quil parvienne jusques aux oreilles du Roy si voyés que bon soit ; et que ces seigneurs entendent la vengeance et reparation de ces meurtres si cruellement faits par leurs subjets en celle de leur ville, ou tous les jeunes hommes françois venant en Italie estudier se retirent pour estre en seureté, touchent si avant leur devoir et honneur que ne l'acquittant par effect, comme ils sont tenuz, le Roy n'aura cause de se contenter (1) ».

J. de Morvillier avait bien prévu les nombreuses difficultés qu'on devait rencontrer dans le châtiment de ce crime. Malgré toute l'activité déployée par l'ambassadeur de France, la République de Venise ne voulut point infliger à des jeunes gens, nobles et puissants, issus de ses premières maisons, la punition exemplaire que méritait leur action et la famille de Mauléon envoya à Venise Pierre de Paschal plaider sa cause devant le sénat. Paschal partit donc de Rome pour la ville

---

(1) Bibliothèque nationale. Fonds français. N° 2,958, f° 87. Cette lettre n'a pas été publiée dans l'intéressante thèse de doctorat de M. Baguenault de Puchesse : *Jean de Morvillier, évêque d'Orléans, garde des sceaux. Etude sur la politique française au XVIe siècle.* 1870, in-8°.

des doges : son voyage fut périlleux et il nous en a raconté les péripéties dans une lettre à Philandrier.

« Je ne doute pas, docte Philandrier, que notre commune amitié ne te fasse désirer recevoir de mes nouvelles. Apprends donc que je n'ai point eu de journée agréable depuis mon départ de Rome. Mon voyage de Rome à Ancône a été incommodé par le soleil et la poussière. Ma traversée d'Ancône a Venise a été si mauvaise, qu'il ne m'est jamais arrivé rien de si ennuyeux. Nous quittons le port le 28 Août au matin avec un ciel serein et un vent très-doux. Jusqu'à midi notre navigation fut excellente. Mais il s'éleva une telle tempête qu'il n'y en eût jamais de plus violente. Nous sommes soulevés par les flots, le navire est ballotté, il vogue au milieu des éclairs. Quel déluge ! quelle bourrasque ! quels tourbillons ! Enfin il me semblait voir tous les nuages, toute la pluie, toute la grêle, tous les vents amoncellés dans un seul coin du ciel. Leur science est inutile aux matelots eux-mêmes : il leur est impossible de monter au mât, de déployer ou de serrer les voiles, d'amener les vergues, d'aller de la proue au mat ou du mat à la pouppe, de tenir le gouvernail et il faut se confier au hasard, aux vents ! Que de pensées variées m'ont assailli dans ce danger, sur Dieu, sur les cieux où je me croyais déjà arrivé ! Nous devenons tout-à-coup philosophe. Je souffrais de ne pouvoir plus contempler les miens, avant ma mort. Eh ! quoi, mourrai-je ainsi ? me disais-je. Ne verrai-je plus mon Philandrier, mon docte Philandrier ? ni Fosserius, ni Lasius, ni Issandonus, ni Le Blanc ? ne pourrai-je plus retourner dans cette célèbre académie, tant louée ? ne pourrai-je plus entrer à l'avenir dans son enceinte ? ne pourrai-je plus contempler cet Apollon, sur le visage duquel mes regards se sont si souvent reposés, ce cardinal d'Armagnac, honneur de la pourpre romaine, qui encourage si libéralement les poètes, les orateurs, les philosophes, les érudits ? ne pourrai-je plus voir mon Corneillan (car il me permet de l'appeler ainsi), si digne d'éloges de toute sorte ? Je ne parlerai point de Durban : s'il ne m'était plus cher que ma propre existence, je serais un ingrat, contre mon habitude. Tout cela, mon cher Philandrier, bouleversait mon esprit et mes yeux, durant la tempête, et augmentait d'une façon incroyable mon indicible frayeur. Les flots se calmèrent enfin et nous arrivâmes peu après à Venise. J'y fus tellement fatigué pendant trois jours par cette mauvaise navigation que je n'étais pas complètement dans mon assiette. J'ai repris mes esprits, j'ai respiré après cette peur de la mort, j'ai échappé aux flots et maintenant il vit celui qui peu de temps auparavant était à demi-mort. Tandis que je me remets ainsi et que je déploie mes livres, je m'aperçois qu'ils sont tous mouillés. Ce que je devais donner à Paul Manuce était déchiré et en lambeaux, si bien que j'ai pu à peine m'y reconnaître. J'ai cependant rassemblé tout, comme j'ai pu, et je le lui ai offert. Il m'a embrassé affectueusement, selon sa coutume, et a tellement approuvé mes écrits, qu'il est en grande partie cause que je n'hésite plus à les publier. C'est ce que je ferai, quoique je ne pense pas qu'il sorte jamais rien de ma plume qui soit digne d'être lu par les érudits : j'obéirai cependant à ceux dont je ne puis ni ne dois récuser le jugement. Je serai forcé bien à regret, pour traverser les Alpes avant l'hiver, de laisser au typographe mon opuscule couvert de ratures. Mais j'y suis obligé. Tu sais maintenant, Philandrier, tout ce qui m'est arrivé depuis mon départ de Rome. Je t'écrirai davantage lorsque je serai de retour en France. Quant à toi, montre-moi que tu songes parfois à moi en Italie. Adieu. Venise, 8 septembre [1547]. Cette lettre était achevée, lorsqu'on m'a remis une lettre d'Antoine du Moulin (1), par laquelle il m'annonce qu'il vient de découvrir dans une bibliothèque un vieux manuscrit de Vitruve, offrant de nombreuses variantes avec ceux que l'on connait (2). Je passerai par Lyon pour le voir ainsi qu'un manuscrit plus complet des Lettres à Atticus, sur lequel il m'a déjà écrit avoir mis la main. J'ai voulu t'apprendre tout cela. Salue tous nos amis et principalement François Rabelais (3) et Ant. Ange. Adieu.

Parvenu enfin, après toutes ces péripéties, au terme de son voyage, Paschal prit à cœur de se montrer digne de la cause qu'on lui avait confiée. Quoique justes, les revendications de la famille de Mauléon étaient cependant difficiles à défendre à cause des hautes relations des coupables et Paschal fut forcé de déployer, dans cette mission délicate, beaucoup de tact et de réserve. Il prononça devant ce trop fameux conseil des Dix, auquel le Sénat de Venise avait

(1) Antoine du Moulin, né vers 1520 à Mâcon, fut valet de chambre de Marguerite de Navarre. Il traduisit plusieurs ouvrages de l'antiquité et donna des éditions de Bonaventure Desperriers, de Marot, de Lemaire de Belges, etc., qui sont rares et recherchées.

(2) L'édition de Vitruve donnée par Philandrier était parue en 1544 (Rome, in-folio).

(3) En se fondant sur cettre lettre qui nous montre les relations amicales entre Rabelais et Philandrier, M. Rathery croit que, sous les auspices du cardinal d'Armagnac, l'auteur de *Gargantua* participa « à la fabrication du roman pseudo-grec du *vray et parfait amour*, dans lequel l'hellénisme, l'architecture et l'alchimie se donnent la main ». (*Notice biographique sur Rabelais*, p. 55).

délégué l'administration de la Justice, une harangue fort modérée qui ne produisit malheureusement pas tout l'effet désirable (1). Peu de temps après, Paschal dut encore revenir à la charge : il envoya un nouveau discours, sur la même matière, dans lequel il faisait parler la France à la république de Venise et qui n'eût pas de meilleurs résultats que le précédent. Morvilliers ne s'était point trompé dans ses prévisions : la sérénissime république ne devait jamais consentir à châtier ses jeunes nobles.

Après de nombreux retards, Paschal dut donc rentrer en France sans avoir obtenu justice ; il retourna par Ancône, Padoue, Parme, Mantoue et Bologne et vint s'installer à Paris. Il habitait, nous dit Du Verdier (2), chez un nommé Maugis, au logis de la Petite-Harpe, dans la rue de la Harpe, non moins célèbre alors que sa voisine la rue de la Huchette par ses cabarets fameux, dans lesquels on faisait la meilleure chère de tout Paris (3).

Ce fut à cette époque que Paschal fut nommé historio-

(1) Ce discours fut *lu* devant le conseil des Dix. C'est ce qui résulte du mot *recitata* employé par Paschal, et qui désignait, dans le latin de la période classique, l'action de lire à haute voix des documents dans les causes judiciaires, par opposition à *agere orationem*, prononcer, improviser un discours (Cf. Freund, *Grand dictionnaire de la langue latine*, verbo *recitare*). Au surplus, devant le conseil des Dix, les défenses devraient être lues entièrement et sans interruption (Baschet, *les Archives de Venise*, 1870, in-8°, p. 534).

(2) *Biblicthèque françoise*, verbo *Paschal*.

(3) Elle conservait encore, au XVIIIe siècle, cette excellente réputation et ce fut dans un cabaret de cette rue que l'abbé Prévost composa sa fameuse *Manon Lescaut*.

graphe du roi Henri II, aux gages de douze cents livres (1).

C'est aussi vers cette époque que se déroula un procès, qui semble tenir une grande place dans l'existence de Paschal. Commencé devant le Parlement de Toulouse (2) il fut porté en appel devant la chambre du grand conseil du Parlement de Paris. La cause devait être importante, car Olivier de Magny ne craignit pas de solliciter auprès de plusieurs magistrats pour son ami Paschal (3). Malheureusement nous ignorons le motif et le résultat de ce procès. Les recherches que j'ai faites à ce propos, aux Archives nationales, ne m'ont rien appris et cet insuccès n'étonnera pas les érudits qui connaissent le nombre vraiment prodigieux des registres qui contiennent les comptes-rendus des séances du Parlement, à cette époque. J'ai trouvé, en revanche, au cours de mes investigations, un petit document concernant l'historiographe que je publierai plus loin. Malgré cette absence de renseignements positifs, je crois que Paschal perdit et qu'il fut fort mécontent de se voir débouté de ses prétentions.

Il continua cependant de vivre à la cour et d'y faire une assez brillante figure. Il la quitta tout-à-coup, vers 1560,

---

(1) A la mort de Pierre de Paschal, la charge d'historiographe du roi fut confiée, sur les instances de Lhospital, au célèbre jurisconsulte François Hotman, avec des appointements de 800 écus d'or (Rodolphe Dareste, *François Hotman : sa vie et sa correspondance*. Revue historique, II, p. 50).

(2) *Epistolæ in Italicà peregrinatione exaratæ*, p. 100.

(3) *Les odes d'Olivier de Magny*, texte original avec notices par E. Courbet, 1876, in-12. Livre 2, ode 1, *à Monsieur d'Avanson, premier président au grand conseil du roy, en faveur de Pierre de Paschal*, ode 2, *à Jean Bertrand, conseiller au grand conseil, en faveur de Pierre de Paschal*; ode 3, *à Nicolas Compain, conseiller au grand conseil, en faveur de Pierre de Paschal.*

soit à cause de l'existence précaire qu'il menait à Paris depuis la mort de son protecteur Henry II (1559) (1), soit parce que le cardinal d'Armagnac venait d'être promu à l'archevêché de Toulouse (1562). Il se retira auprès de ce prélat, qui avait amené dans la vieille cité de Clémence Isaure les savants dont il s'était toujours entouré. C'est là qu'il passa les dernières années de sa vie et qu'il mourut, jeune encore, le 15 février 1565, trois jours seulement avant son illustre ami G. Philandrier.

Avant de rendre le dernier soupir, il donna à ceux qui l'entouraient, s'il faut en croire le *Secunda Scalïgerana*, « de beaux et riches anneaux, le moindre desquels valoit 50 escus, et il y en avoit qui valoient 100 escus (2) ».

On l'enterra, en grande pompe, dans le cloître Saint-Etienne, réservé aux sépultures des illustrations de la cité toulousaine, à côté dePhilandrier, dans un endroit où devait aussi venir prendre place, en 1621, Pierre Mathieu, l'historiographe de Henri IV et de Louis XIII. Ses amis lui élevèrent un magnifique tombeau et y firent graver l'épitaphe suivante (3) :

---

(1) D'après Du Verdier, il fut obligé en partant pour Toulouse de laisser en gage, avec quelques hardes, tout ce qu'il avait fait de ses *Histoires*, « qui ne passoit pas dix ou douze feuillets », à son hôte de la rue de la Harpe, « pour la somme de cinquante écus sol, qu'il lui devoit encore, de reste de dépense ». Du Verdier est mal informé sur l'*Histoire* de Paschal puisque nous en possédons les 4 premiers livres.

(2) Amsterdam, 1740, p. 492. Scaliger confond dans les lignes qui suivent ce que j'ai cité Pierre de Paschal et Charles Paschal.

(3) J'en cite le texte d'après M. A. du Mège (*Le cloître Saint-Etienne*, 1836, in-8°, p. 14); il varie quelque peu de celui que donnent Moréri et le Duchat. A la démolition du cloître, cette tombe fut portée avec

PETRO PASCHALIO RERUM GESTARUM AB
HENRICO II, GALLIARUM REGE
SCRIPTORI POLITISSIMO ANTIQUÆ
VIRTUTIS ET ROMANÆ ELOQUENT.
ÆMULATORI PRÆSTANTISS. AMICI
MŒRENTES B. M. P. VIXIT ANNOS XLV. OBIIT XIII: KL. MAR.
AN. POST CHRISTUM NATUM M.DLXV.

---

les autres au Musée de la ville et cataloguée sous le numéro 480 *(Notice sur le Musée des Antiques de Toulouse*, par A. du Mège, 1828, in-8° p. 128). Elle a disparu depuis lors. M. Roschach pense que c'est dans la période entre 1828 et 1835 et croit que dans les divers travaux et déménagements qu'à subi le Musée des Antiques, on a jugé inutile de conserver ce tombeau qui offrait assez peu d'intérêt.

II

Les premières en date des œuvres de Paschal sont les discours qu'il prononça en différentes circonstances et qu'il a réunis, dans un petit volume, à ses lettres écrites d'Italie (1548). Moins importants que ses histoires, ils méritent cependant de nous arrêter quelques instants.

On sait de quel éclat brilla l'éloquence judiciaire, en France, au XVIe siècle. En dépit de l'érudition pédantesque que les avocats d'alors étalent partout avec trop de complaisance, on peut dire d'eux qu'ils se sont associés au mouvement de la Renaissance, qu'ils l'ont encouragé, suivi, propagé et lui ont apporté leur tribut de recherches et d'éloges (1). Mais ne l'oublions pas ; lorsque Paschal écrivit ses deux plaidoyers contre les meurtriers de Jean de Mauléon, l'éloquence judiciaire n'était pas encore parvenue à ces hauteurs qu'elle devait atteindre avec Pasquier, Pierre Ayrault, Omer Talon et les Pithou. Ses productions ne sont pourtant pas à dédaigner, car elle avait déjà possédé Guillaume Poyet, François de Montholon, Jacques Aubery et surtout le grand Dumoulin.

---

(1) Th. Froment, *Essai sur l'éloquence judiciaire en France avant le dix-septième siècle*, 1875, in-8°, p. 335.

Les travaux de Paschal en ce genre reflètent donc les défauts de cette période de transition, car il n'est donné qu'au génie de devancer son époque. On a pu en juger par les quelques pages que nous en avons citées ci-dessus, d'après la traductiou française du protonotaire de Durban et voir quel accent de sincérité indignée régnait dans ce premier discours, prononcé devant le conseil des Dix. Ce n'est point là, quoi qu'en dise La Monnoye, une composition d'écolier (1), mais plutôt l'œuvre d'un homme éloquent et bon orateur en latin, pour employer les expressions de Du Verdier qu'on ne soupçonnera pas d'une tendresse exagérée à l'égard de Paschal (2). Il y aborde nettement la question du meurtre, qu'il raconte avec une grande conviction et beaucoup de retenue. Il est seulement à regretter que l'auditoire, auquel Paschal s'adressait, ne lui permit pas d'employer cette langue française, si précise, si mordante, qui depuis longtemps se faisait jour à l'audience et qui offre maintenant au palais du délicat la saveur acide du fruit vert.

Tous ces efforts, nous le savons, demeurèrent infructueux. Paschal ne perdit pourtant pas courage et il adressa peu après un autre discours latin sur le même sujet. C'est une prosopopée fort animée dans laquelle il fait parler la France qui adresse la parole à la république de Venise. Moréri (3), qui pense que cette nouvelle harangue ne fut pas prononcée, la trouve inférieure à la précédente. Il n'est pas étonnant : le sujet prêtait davantage à la déclamation, qu'on pourrait

---

(1) *Bibliothèque* de La Croix du Maine, t. II, p. 309.
(2) Du Verdier, *Bibliothèque françoise*, t. V, p. 309.
(3) Moréri, *Grand dictionnairs historique*, verbo *Paschal*.

appeler le fléau de cette époqne, et Paschal n'a pas failli d'y tomber.

A ces deux harangues Paschal a ajouté, dans son opuscule, celle qu'il prononça à Saint-Eustache de Rome, en prenant les insignes de docteur en droit. Elle traite *des Lois* et est adressée à Soave Réomani, auditeur de rote. Elle est fort courte et ne promet pas à Paschal un rang honorable parmi les jurisconsultes de son temps. Beaucoup de longueurs sonores, d'harmonieuses banalités, — *nugæque canoræ,* — des lieux communs redondants sur l'origine de la loi morale occupent les quelques pages qui la renferment et on peut dire sans crainte que c'est la plus mauvaise des œuvres de Paschal. Le peu de consistance des idées contraste même assez singulièrement avec l'érudition pédantesque des Juristes contemporains.

Quant à sa correspondance, qui termine le volume, elle est assurément fort curieuse et fort intéressante, mais elle le serait bien davantage, si, s'inspirant de la familiarité que tolère le genre, Paschal abandonnait quelque temps ses périodes harmonieuses pour nous donner des renseignements plus exacts et plus précis. On peut lui appliquer ce que tout récemment un spirituel critique, M. Gaston Boissier, disait de son ami Baduel (1) : « Par malheur, il aima tant le beau langage, il imita si fidèlement Cicéron, que, de peur de gâter son latin par des expressions malsonnantes, il se tient toujours dans le vague. Nous lui pardonnerions aisément quelques incorrections en faveur de quelques détails précis,

(1) Gaston Boissier, *la Réforme des études au XVI*e *siècle*. Revue des Deux-Mondes, t. LIV, p. 250 (1 décembre 1882).

mais il ne se les pardonnerait pas à lui-même ». La rhétorique y perdrait bien quelque chose, d'accord ; mais l'histoire des mœurs du XVIe siècle ne pourrait qu'y gagner. Il est vrai de dire, comme circonstance atténuante, que Paschal avait été à bonne école pour apprendre à admirer Cicéron auprès de Sadolet, qui avait pour l'orateur latin un culte presque aussi fervent que son collègue et ami, Pierre Bembo (1).

(1) Bembo prétendait n'écrire qu'avec des mots de Cicéron et, quoique cardinal de l'église romaine, il ne voulait point lire Saint Paul de peur de troubler la pureté de son style : il appelait dédaigneusement ses épitres des *epistolaccie*. On consultera avec fruit sur le Cicéronianisme la thèse latine de M. Lenient, (1855).

III

En sa qualité d'historiographe du roi, Paschal dut composer, sur l'ordre de Catherine de Médicis, l'éloge de Henry II, après le tournoi avec Montgommery qui coûta la vie au monarque (1559). De là naquit l'ouvrage qui a pour titre *Henrici II, Galliarum regis, elogium cum ejus verissimè expressa effigie*, *Petro Paschalio autore* (1560). C'est de l'histoire officielle, dans laquelle il n'est nulle place pour les libres appréciations de l'écrivain, et, — la chose mérite d'être notée en passant, — combien cette institution des historiographes de France ou du Roi, chargés par le prince d'écrire les hauts faits de son règne, pensionnés pour cela, et dont Pierre de Paschal est le premier en date, a été funeste à l'histoire! Enchaîné par l'étiquette, circonscrit dans le programme qui lui avait d'avance été tracé, Paschal n'a pas pu nous décrire, comme il l'eût sans doute voulu, les différentes phases de ce règne glorieux pour la France. Cette contrainte lui a fait produire un ouvrage de peu d'intérêt, d'un genre faux et puéril, que l'on consultera toujours avec une certaine défiance.

Henry II méritait mieux que cet éloge : son règne avait été trop fécond en beaux faits d'armes, son caractère était trop ami des lettres et des arts pour ne lui donner que des louanges de commande. Aussi Branthôme appelle-t-il l'œuvre de son confrère un *chétif éloge* et ne peut-il s'empêcher de s'étonner qu'un si beau sujet ait si maigrement inspiré l'écrivain ; il met sans hésiter tout cela sur la fourberie de Paschal. « Il y a de la fourbe, et si s'en monstroit tout glorieux, car je l'ay veu en telle piaffe. Après avoir faict monstre de faire enfanter des montagnes, pour tout pottage il n'a produict qu'un chetif éloge après la mort du roy, que j'ay veu en latin, et du sien, ainsy qu'on disoit, et après traduict en françois, italien et espagnol. Voylà de quoy il a payé son roy et M. le cardinal son Mecœnas, et toute la France, qui en pensoit avoir un plus beau et riche payement plustot qu'une quincaillerie. Et qui plus est, on a trouvé après en sa bibliothecque un seul chetif beau memoire, qui peut monstrer l'envie qu'il eust en cela de s'acquitter de ses debtes, encor qu'il feust d'ordinaire à la suite de la court, et qu'il vist à l'œil et entendist de son roy et des grands, et eust toute matière en place pour bien bastir son œuvre ; mais, comme disoit M. le cardinal, l'art et la science lui failloient pour si haute entreprise, encore qu'il remist quelques fois quelques sentences latines, de parade seulement, mais non pas de durée, car il estoit si fin qu'il n'esgardoit bién de s'enfoncer dans un grand gué de discours ; en quoy ainsi il amusoit le monde (1) ». Sans ajouter une confiance absolue aux paroles de Branthôme, qui, comprenant que son propre témoignage serait par trop suspect, la met fort habilement son opinion dans la bouche du cardinal de Lorraine, il faut néanmoins convenir que l'éloge composé par Pierre de

---

(1) Branthôme. *Œuvres complètes*. Edition de MM. Prosper Mérimée et Louis Lacour, t. IV, p. 117.

Paschal ne méritait pas tous les honneurs qu'on lui décerna plus tard.

Malgré l'abandon dans lequel Henry II l'avait toujours laissée pour Diane de Poitiers, plus âgée et moins spirituelle qu'elle, Catherine de Médicis affecta soit par politique, soit par convenance, d'éprouver le plus vif chagrin à la mort de son époux. « Elle est si troublée, écrivait après le tragique évènement Marie Stuart à sa mère, et a eu tant de mal à la maladie du feu roi, que je crains une grande maladie avec l'ennui qu'elle en a (1) ». A partir de ce trépas, elle ne porta plus désormais que des vêtements de deuil et prit pour devise une lance brisée avec ces mots autour : *Lacrymæ hinc, hinc dolor* (2).

Elle voulut donc faire donner à l'éloge composé par Paschal pour célébrer les hauts faits du monarque défunt la plus grande publicité. Elle le fit successivement traduire en français par Lancelot de Carle, évêque de Riez (3), en italien par Antoine Carraciolo, évêque de Troyes (4), et en espagnol par Garcy Sylves, de Tolède, et le manuscrit original de cet éloge, fut, par son ordre, conservé au Trésor des Chartes.

(1) Labanoff. *Lettres de Marie Stuart*, Londres, 1854, in.8°, t, I, p. 71.

(2) Le comte Hector de la Ferrière, *Lettres de Catherine de Médicis*, 1880, in-8°. Introduction, p. LVI.

(3) On trouvera sur ce personnage, qui joua alors un rôle assez important, de nombreux renseignements dans les *Vies des poètes bordelais et périgourdins* de Guillaume Colletet, publiées avec des notes par M. Tamizey de Larroque (Paris-Bordeaux, 1873, in-8°).

(4) Né à Melfi (royaume de Naples) au commencement du XVIe siècle et venu en France avec son père, Ser Gianni Caracciolo, Antoine Caracciolo mena une vie fort accidentée. Après avoir été évêque de Troyes (1551), il embrassa le calvinisme et mourut à Château-Neuf sur Loire (1569), méprisé des protestants et des catholiques.

« Ce jour, lisons-nous, à ce propos sur les registres du Parlement de Paris, à la date du 14 décembre 1560, ayant été veu par la court la requeste a elle présentée par Mre Pierre Paschal, docteur en droit, historiographe du Roy, tendant à ce que l'éloge de la vie et gestes du feu roy Henry second, par luy rédigé par escript du commandement de la reine mère du Roy, fut reçeu en ladite cour et mis entre les livres et registres d'icelle cour, du temps et reigne dudit feu seigneur Roy, et ouy le procureur général d'iceluy seigneur, le requérant a ordonné que le dit livre sera mis au greffe de la dite cour pour y estre gardé sous clef. Ensuit la teneur de la dite requeste :

« A Nosseigneurs du Parlement, suplie humblement Pierre de Paschal, docteur ès-droit, conseiller et historiographe du Roy. Comme le dit suppliant a, par le commandement de la Reine mère du Roy et pour le devoir de la charge en laquelle il est appelé d'écrire l'histoire de France, dressé et rédigé en bref l'éloge de la vie et gestes du feu Roy Henry 2e de ce nom et reçeu commandement exprés de la dite dame, d'icelluy présenter à la dite cour pour y estre mis et gardé à perpétuelle mémoire. Ce considéré, il vous plaise tant pour la décharge du commandement que le dit supliant a reçeu de la dite dame Reine que pour la louable et recommandable mémoire du dit feu sieur Roy ordonne le dit éloge estre reçeu et mis entre les registres du temps et règne du dit feu sieur Roy, ou au Trésor des Chartes, et de la réception du dit éloge décerner et expédier au dit supliant ordonnance de la dite cour et vous ferez bien. Ainsy signé Paschal (1) ».

---

(1) Registre du conseil du Parlement de Paris, coté VI xx, f° 84 verso.

La paternité de cette œuvre a cependant été contestée à Paschal. « Les nouveaux éditeurs de la *Bibliothèque de la France* disent que Paschal tira cet éloge des mémoires sur le règne de Henry II, que le cardinal de Guise lui avait confiés pour les corriger. En remontant à l'origine de cette accusation, on en a reconnu la fausseté. Aubery est évidemment l'auteur du soupçon de plagiat dont la mémoire de Pierre de Paschal est entachée : « Nous aurions, dit-il, du cardinal de Lorraine une très-ample et très-curieuse histoire du règne de Henry II, s'il n'avoit confié, en mourant, les mémoires qu'il en avoit dressés à un écrivain plus fidèle que Charles Paschal, de qui le public n'a point eu d'autres œuvres qu'une traduction française d'un éloge de la reine Catherine de Médicis (*Histoire des Cardinaux)* ». Aubery en connaissait pas l'écrivain dont il parlait si légèrement. Charles Paschal, traducteur de l'éloge de la reine Catherine de Médicis, est auteur de plusieurs ouvrages très-estimés et n'était nullement capable de l'infidélité qu'on lui reproche. Le P. Le Long, trompé par la ressemblance des noms, et, après lui, l'abbé Jolly (*Eloge du cardinal de Lorraine)* ont rejeté l'accusation de plagiat sur Pierre de Paschal, avec d'autant plus de vraisemblance qu'il s'était occupé lui-même de l'histoire du règne de Henry II. Mais le cardinal de Lorraine n'a remis ses mémoires qu'en mourant suivant Aubery ; ainsi Pierre de Paschal n'a pu s'en servir pour la rédaction d'un ouvrage imprimé quatorze ans auparavant (1) ».

Mais cet éloge de Henry II n'était qu'un résumé qu'il avait rédigé *en bref*, ainsi qu'il le dit lui-même. Paschal se pro-

(1) *Biographie générale* de Michaud. Verbo *Paschal*.

posait d'élever, en sa qualité d'historiographe, un monument plus vaste et plus durable à la gloire de ce monarque et il avait commencé à écrire l'histoire détaillée de son règne. Je suis parvenu, à l'aide de différends manuscrits appartenant à la Bibliothèque nationale, à reconstituer presque en totalité les quatre premiers livres de cet ouvrage. C'est une œuvre considérable, qui ferait plus pour la renommée de son auteur que tous ses autres ouvrages imprimés. Ecrite dans ce latin cicéronien qu'affectionnait Paschal, elle est d'une lecture attachante et facile. Pour faire apprécier ce travail à sa juste valeur, j'en ai extrait un passage que je publierai en appenpice de cette notice. C'est le récit des troubles qui ensanglantèrent Bordeaux en 1548 et qui valurent à la ville rebelle un châtiment si atroce de la part du fameux rabroueur Montmorency. On verra, en lisant ces quelques pages, combien l'histoire officielle de ces massacres diffère avec le récit que nous en ont laissé les chroniqueurs bordelais, sincères et sans prétentions !

IV

En même temps que la rhétorique et l'histoire, la poésie et la philosophie occupèrent Paschal. Il composa, nous apprend-il lui-même (1), un traité philosophique sur la *fausse espérance des hommes* et eût quelques succès comme poète. En 1545, il obtint l'églantine aux Jeux Floraux de Clémence Isaure et, deux ans plus tard, en 1547, il obtint un autre prix, celui du souci.

Il fut même, en sa qualité de mainteneur, l'intermédiaire de la docte assemblée dans une circonstance mémorable. Le livre rouge nous apprend, sous l'an 1554, qu'en cette année le corps des Jeux Foraux rendit un hommage flatteur au poète le plus célèbre de cette époque. « Quant à la fleur de l'églantine fut par commun advis et délibération arresté qu'elle seroit adjugée à M. Pierre de Ronsard, poète ordinaire du roy nostre sire, pour excellence et vertu de sa personne, et que ladicte fleur seroit augmentée de prix selon ce que seroit advisé : laquelle lui seroit envoyée et portée à la court, et en son lieu seroit reçue et acceptée par Me Pierre Paschal, docteur et maître en la dicte science. Suyvant laquelle délibération, le mesme jour de relevée, dans iceluy grand Concistoire, illec estant assemblés lesdicts seigneurs

---

(1) *Epistolæ in Italicâ peregrinatione exaratæ*, p. 82.

chancelier, vice-chancelier, mainteneurs, capitols et maistres, après avoir esté faicte l'oraison accoutumée pour la décoration de ladicte science par Maistre Pierre du Faure, fils du dict seigneur juge mage, et avoir esté rendu graces par les dits Roguièris, Moèan et Podius, comme ayant gagné les trois fleurs l'année dernièrement passée, fut par moy, susdict Coderci, greffier et lecteur, prononcé l'adjudication desdites fleurs, lesquelles furent délivrées, sçavoir est la fleur de l'églantier audict Paschal, tenant le lieu du sieur de Ronsard, poète..... (1) ».

L'académie des Jeux-Floraux décerna aussi à Ronsard une statue d'argent massif, de grand prix, représentant un Apollon, suivant Pélisson, une Minerve, suivant M. Prosper Blanchemain, et que Ronsard, en courtisan habile, se hâta d'offrir à Henry II. En même temps, il adressa, pour remerciement, à l'académie de Clémence Isaure l'*Hymne de l'Hercule chrétien*, dédié à Odet, cardinal de Chatillon, alors archevêque de Toulouse.

Cette mission honore Paschal et prouve combien ses collègues le tenaient en haute estime. En eût-il été ainsi pour un homme que Du Verdier et Le Duchat se plaisent à nous montrer sous les plus noires couleurs ! Ce détail montre en outre que si Ronsard et Paschal furent brouillés dans la suite, comme l'affirme Pasquier, il n'en avait pas toujours été ainsi : « Voyez, écrit au grand poète l'adversaire acharné des Jésuites, quel commandement ont vos ouvrages sur moy : à peine estoi-je arrivé à Argentueil que j'ay leu et

---

(1) Du Mège, *Histoire des institutions religieuses, politiques, judiciaires et littéraires de la ville de Toulouse*, t. IV, p. 310.

releu l'éloge latin que vous avez fait de Pascal, et l'ay leu de bien bon cœur. Car quelle chose peut venir de vostre lime qui ne me plaise ? Vray Dieu que vous avez à propos descouvert la piperie ? Comme non seulement vous avez combatu, ains abatu ce grand monstre ? Si que je me promets (quelque privilège d'impudence qu'il se donne) que désormais il apprendra à se taire, et de ne publier ses inepties devant la face de nostre prince. Parquoy soudain que j'ay esté de repos, je n'ay eu rien en plus grande recommandation que d'habiller à la françoise vostre latin. Ce sera à vous de juger si bien ou mal. D'une chose vous puis-je asseurer, que si je ne vous ay satisfait, je me suis contenté moymesme, pour revanger une juste querelle de nostre France et des gens doctes. Entre lesquels combien que je ne me donne nul lieu, si vy-je en cette espérance, que chacun d'eux tant par votre exemple que le mien apprendra à la parfin de garentir ce royaume de ceste dangereuse beste. En quoy nous ne faisons rien qui n'ait esté attenté par ce grand personnage Tournebu. A Dieu (1) ».

Quel est cet ouvrage inédit de Ronsard auquel Pasquier fait ici allusion ? Je l'ignore. Au reste, si tout ceci n'est pas exagéré, car le témoignage de Pasquier me semble un peu suspect, et l'auteur des *Recherches de la France* pourrait bien être mécontent de s'être vu préférer, comme historiographe du roi, un savant qui assurément n'avait pas sa valeur, Ronsard ne s'est-il pas montré trop sévère à l'égard de quelqu'un qui méritait mieux que cela ?

---

(1) *Lettres de Pasquier*, 1619, in-12. T. I. liv. 1, lettre 16.

Mais, je le répète, le témoignage de Pasquier me semble assez suspect en cette matière : il a contre Paschal une animosité mal déguisée et élève contre lui des accusations peu fondées. « Pierre de Paschal, écrit-il dans une lettre à Lacroix du Maine, estoit un gascon, qui sur son premier advènement se fit amy et compagnon de la gluspart des poëtes de nom, qui florissoient sous le règne du Roy Henry second : cestuy, voyant tant de nobles esprits mettre la main à l'œuvre, et qu'il lui eust esté mal séant au milieu d'eux, de se taire, commença de nous repaistre de belles promesses, se vantant de faire l'histoire de son temps, et pareillement le sommaire des vies des gens de marque, qui lors estoient, à l'imitation de Paul Jove : sous ces faux gages, il sollicitoit impudemment uns et autres poëtes, de le trompeter par leurs escrits, leur promettant une pareille et de les arranger entre ses hommes illustres. Ses importunités et prières portèrent tel coup, qu'estant haut loué par Monsieur de Ronsard et quelques autres, le bruit de son nom en vint jusques aux aureilles du Roy Henry (ce n'est pas un petit secret ès affaires du monde d'envoyer un bon bruit de nous pour avant coureur de nos actions) ; le Roy, au son de sa renommée, le fit son historiographe, aux gages de douze cens livres par an. Toutes fois après son décès on ne trouva rien si froid que son estude, car aussi, pour en dire le vray, il ne savoit parler ny latin ny françois et le peu de latin qu'il rédigeoit par écrit estoit tiré, pièce à pièce, des commentaires de Nizolius, pour dire qu'il estoit cicéronien. De ce, vous en puis-je asseurer, comme celuy qui l'ay veu de près. Et qui est le plus beau de ce conte, c'est qu'au mariage de la Reyne d'Ecosse avec le Roy Dauphin, il fit imprimer une longue harangue fort mal bastie, dans laquelle il faisoit parler au Roy cette princesse fort jeune, quand elle arriva en la France, tout ainsi que si elle eust eu trente ans sur la teste (1). Et portoit le titre que cette harangue fort mal bastie avoict été extraicte du quatre ou cinquiesme livre de son histoire, dont il n'avoit encore encommencé le premier. Celuy qui halena premièrement son fard fut ce grand et docte Adrian de Tournebu, personnage aussi aigu et violent en satyres contre ceux qui le méritoient, comme doux en mœurs et conversation avecques les gens d'honneur et de lettres; lequel lui fist une plaisante épistre sous cette intitulation *Ego tibi*, laquelle fut depuis mise en françois par Du Bellay : et à leur suite, Ronsard qui l'avoit tant de fois célébré par ses escrits, chantant une palinodie, fit un éloge latin de luy, que je traduisi en françois et ay encore entre mes brouillas..... (2) »

Toutes ces accusations ne semblent-elles pas exagérées et Pasquier ne poursuivrait-il pas de sa verve sarcastique le trop habile gascon par jalousie de métier ?

Quant à la poésie, Paschal la cultiva avec beaucoup d'ardeur. Il a pris soin de nous laisser, dans une lettre adressée à son ami Mauléon Durban, avant son départ pour Venise, une liste de tout ce qu'il avait ainsi composé. Cette épitre importe trop à la biographie de notre historiographe pour n'en pas donner ici une traduction complète.

« Quoique j'espère, mon cher Durban, rentrer bientôt sain et sauf en France, cependant la mort nous menace tous

---

(1) Pasquier est le seul à parler de cet ouvrage de Paschal, dont le titre m'est inconnu, et j'ai vainement cherché la confirmation de ce fait dans les auteurs contemporains.

(2) *Ibid.* liv. IX, lettre 9.

les jours et moi plus que personne, et je me suis décidé à te faire parvenir cette lettre. Si, par hasard, il m'arrivait malheur soit ici, à Rome, soit dans le voyage que je me propose d'entreprendre, je veux que ma dernière volonté te soit connue. Car, d'une part, la mort suit les hommes comme leur ombre et les atteint lorsqu'ils y songent le moins, et de l'autre, ma libre parole a soulevé les haines de mes adversaires qui cherchent à m'opprimer par tous les moyens. Tu ne saurais croire combien ils supportent avec peine mes emportements et mes écrits, qui leur semblent être l'éternel témoignage de leur forfait et de leur cruauté. Mais j'ai un tel désir de retourner dans ma patrie, pour y mourir entre tes bras, que je ne redoute aucune sorte de trépas et que je ne m'effraie point de leurs violences. Si cependant il m'arrivait quelque malheur, je veux que toute ma modeste bibliothèque te revienne. Tu feras venir de Nîmes et porter chez toi les discours et les lettres que je composais à Carpentras en étudiant sous Jacques Bording. Je ne demande pourtant pas que tu les publies. Tu livreras à l'impression, après l'avoir remaniée, si toutefois elle t'en semble digne, la comédie que j'ai laissée à Toulouse, chez Charles Viadelle, notre hôte. Tu enverras à Lyon, à Jean de Tournes, les odes, les élégies et les épigrammes que je t'ai laissées en un volume. Je te serais reconnaissant, — et c'est là, mon cher Durban, le dernier gage d'affection que je te demande, — de retrancher les écrits de ma jeunesse qui sembleront pouvoir plutôt amollir les hommes qu'être utiles au bien commun : garde les avec toi et fais en sorte qu'ils ne sortent jamais de tes mains. Quant à tout ce que j'ai avec moi, cela sera peut-être conservé par un hasard providentiel. En terminant cette lettre, je te prie et te supplie, au nom de notre liaison intime, au nom de cette bienveillance extrême que tu m'as toujours témoignée, de me conserver après ma mort, s'il m'arrive malheur, la même affection pieuse dont tu m'entourais pendant ma vie. Estime mon frère, Jacques de Paschal, afin qu'il sente que tu reportes sur lui une part de l'amour que tu avais pour moi. Quant à moi, si les esprits immortels s'occupent encore des choses d'ici-bas, — et ils s'en occupent assurément, — je verrai cette affection avec plus de joie que je n'en ai jamais montré pendant ma vie. Adieu donc, mon cher Durban ; aime-moi toujours et prends soin des miens comme tu as toujours pris soin de moi-même. Adieu. Rome, le 31 mai 1548 (1) ».

Tout cela est vraisemblablement perdu aujourd'hui, à moins que quelque bibliothèque méridionale ne conserve encore ces travaux de Paschal. Ne nous plaignons pas trop cependant de ne les point posséder : c'étaient des œuvres de jeunesse que leur auteur lui-même ne voyait pas d'un bon œil et nous savons que l'humilité n'était pas son défaut. Voici, du reste, un échantillon de ce que valait Paschal comme poète ; c'est une pièce de vers sur le trépas de l'historien Arnaud de Ferron :

Dum patriæ illustrans leges œnigmata solvit,
    Abditaque Aonia sensa recludit ope ;
Noctes atque dies veterum dum scripta revolvit,
    Romano Graïos dum docet ore loqui ;
Dum memorans regum francorum fortia facta,
    Omni mansurum tempore condit opus,
Et stylo Aquitanas urbes percurrit et amnes,
    Prisca novis jungens nomina nominibus,

---

(1) *Epistolæ in Italicâ peregrinatione exaratæ*, p. 160.

Cassaniane, tuus moritur Ferronius, alter,
Cassaniane, tuæ Burdigalæ Ausonius.
Eheu ! cur fatis sic fas disponere ? Pravis
Sera nimis veniat mors, prosperata bonis (1).

Ce n'est ni meilleur ni pire que tant d'autres poésies de ce genre, si en honneur au XVIe siècle. Mais on a pu voir, par ce court échantillon, que les vers comme la prose de l'historiographe de Henri II sont pleins de souvenirs classiques : on y trouve des réminiscences d'Horace et la fin de son épigramme est visiblement inspirée par la question, toujours sans réponse, du poète Lucrèce : *Quare mors immatura vagatur ?*

Il est probable qu'en feuilletant les œuvres des contemporains de Paschal, on trouverait d'autres specimens de sa verve politique. Mais à quoi bon les rechercher ? Ce sont là des vétilles qui ne servent pas à nous le faire mieux connaître (2).

---

(1) Cette petite pièce est publiée en tête de l'édition in-folio des *commentaires sur la coutume.* Elle a, en outre, été reproduite par M. R. Dezeimeris dans son introduction aux *Remarques et corrections d'Estienne de la Boétie sur le traité de Plutarque sur l'amour*, in-8e, p. 119. (Publications de la Société des Bibliophiles de Guyenne).

(2) C'est ici le lieu de signaler une erreur qui a été commise par plusieurs érudits. L'édition de 1590 de l'Ausone de Vinet renferme, parmi les pièces consacrées à la louange du principal du collège de Guyenne, deux pièces de vers grecs et latins signées *P. Paschalius.* Le P. Niceron et, après lui, M. E. Gaullieur (dans sa belle histoire du Collège de Guyenne, p. 369) y voient l'œuvre de l'historiographe de Henry II, sans songer que celui-ci était mort depuis 1565 et eût, par conséquent, été fort embarrassé de célébrer en vers les mérites d'Elie Vinet, décédé 25 ans après lui. D'autre part, M. Weiss (*verbo* Elie Vinet, de *la Biographie Michaud*) nomme expressément Charles

Paschal, ce qui est insoutenable en présence de la lettre *P* dont est précédé le nom du signataire de ces pièces. Seul M. R. Dezeimeris, plus prudent, se contente de nommer Paschal sans autre désignation (*Recherches sur l'auteur des épitaphes de Montaigne*, p. 45). Je ne suis pas éloigné de croire, pour ma part, que l'auteur de cette épitaphe ne soit le Pierre de Paschal, dont nous avons parlé plus haut, qui fut maître des requêtes du roi de Navarre à Rions et qui déposa, en 1613, dans l'inquisition sur l'âge, la vie et les mœurs de Pierre de Lestonnac.

V

Les érudits contemporains, qui se sont occupés de Pierre de Paschal, n'ont pas assez tenu compte, ce me semble, des bonnes relations qu'il entretenait avec la plupart des hommes illustres de son temps. Doué d'une imagination vive et ardente, beau diseur comme ses compatriotes, sa compagnie était recherchée par tous. Les poètes les plus célèbres le chantèrent à l'envi et lui prodiguèrent souvent, dans leurs vers, de louangeuses hyperboles. Seuls, les historiens, ses confrères, — et c'est un point à noter en passant, — le décrièrent avec tant d'acharnement que leur jugement est visiblement inspiré par une rancune mal déguisée.

Sans revenir ici sur Rabelais et sur Ronsard, dont nous avons parlé ci-dessus, sans rappeler la respectueuse reconnaissance qui liait Paschal au cardinal d'Armagnac et la bonne confraternité qui l'unissait aux savants dont ce docte prélat s'entoura toujours, je me propose de combler, en quelques mots, cette lacune de la critique actuelle et de montrer combien et que d'illustres amis eut Paschal.

Commençons par le plus célèbre de tous, par Joachim du Bellay, d'autant que l'examen attentif des relations qui existèrent entre les deux écrivains nous fournira la solution d'un intéressant petit problème littéraire. Dans les commencements de sa liaison avec Paschal, du Bellay adressa à l'historien nombre de vers flatteurs, et, entre autres, ce spirituel sonnet des *Regrets* (1), dans lequel le poète fait un tableau bien fin et bien mordant d'un conclave :

« Qu'il fait bon voir, Paschal, un conclave serré,
Et l'une chambre à l'autre également voisine
D'antichambre servir, de salle et de cuisine,
En un petit recoing de dix pieds en carré.

Il fait bon voir autour le palais emmuré,
Et briguer là dedans ceste troppe divine,
L'un par ambition, l'autre par bonne mine,
Et par despit de l'un être de l'autre adoré :

Il fait bon voir dehors toute la ville en armes,
Crier, le Pape est fait, donner de faulx alarmes,
Saccager un palais : mais plus que tout cela,

Fait bon voir, qui de l'un, qui de l'autre se vante,
Qui met pour cestui-cy, qui met pour cestui-là.
Et pour moins d'un écu dix cardinaux en vente.

Tout-à-coup, en 1559, un an seulement avant la mort de du Bellay, parut à Poitiers une pièce de vers satiriques sous ce titre : *La nouvelle manière de faire son profit des lettres, traduite en françois, par J. Quintil du Tronsay, en Poitou. Ensemble le Poëte courtisan*, in-8°, (2). C'était la

---

(1) Sonnet LXXXI.

(2) Cette pièce n'est que la traduction d'une poésie latine de Turnèbe (*A. Turnebi poemata*, 1580, p. 36). Elle a été publiée dans l'édition des œuvres de Joachim du Bellay donnée par M. Marty Laveaux (T. I, p. 468) et aussi dans les *Variétés historiques et littéraires* de M. Edouard Fournier (T. X, p. 131), qui la fait précéder

description assez vive des agissements de certaines gens qui se poussent aux honneurs par la flatterie et non par la littérature. La pièce, malgré sa rareté et son importance, est trop longue pour la publier en entier ; nous en donnerons cependant quelques extraits :

. . . .

Premier, comme un marchand qui parle navigage
S'en va chercher bien loing quelque estrange rivage,
Afin de trafiquer et argent amasser,
Tu dois veoir l'Italie et les Alpes passer,
Car c'est de là que vient la fine marchandise
Qu'en bëant ou ardmire, et que si haut on prise.
Si le rusé marchand est menteur asseuré,
Et s'il sait pallier d'un fard bien coloré
Mille bourdes qu'il a en France rapportées
Assez pour en charger quatre grandes chartées ;
S'il sait, parlant de Rome, un chacun étonner ;
Si du nom de Pavie il fait tout résonner ;
Si des Vénitiens que la mer environne,
Si des champs de la Pouille il discourt et raisonne ;
Si, vanteur, il sait bien son art authoriser,
Louer les estrangers, les Français mespriser ;
Si des lettres l'honneur à lui seul il réserve,
Et desdaigne en crachant la françoise Minerve,
Il te faut dextrement ces ruses imiter,
Le sçavoir sans cela ne te peut profiter.
Si le sçavoir te fault, et tu entends ces ruses,
Tu jouyras vainqueur de la palme des muses.

---

d'un piquant avant-propos. Enfin, il se trouve une traduction en prose de la poésie de Turnèbe dans les *Lettres de Phyllarque à Ariste* (Paris, 1628, II partie, p. 140). Le père Goulu s'efforce d'établir une comparaison entre Balzac et Paschal.

Ne pense toutefois, pour un peu t'estranger
De ces bavardes sœurs, que tu sois en danger
De perdre tant soit peu : tu n'y auras dommage
Car aux muses souvent profite un long voyage.
Tu en rapporteras d'un grand cler le renom,
Et de sage savant mériteras le nom.
Mais si tu veux icy te morfondre à l'étude,
Chacun t'estimera fol, ignorant et rude.
Doncques en Italie il te convient chercher
La source Gabaline, et le double Rocher,
Et l'arbre qui le front des poëtes honore.
Mais retien ce principe en ta mémoire encore :
C'est que tu pourras bien François partir d'icy,
Mais tu retourneras Italien aussi,
De gestes et d'habit, de port et de langage,
Bref, d'un Italien tu auras le pelage,
Afin qu'entre les tiens admirable tu sois :
Ce sont les vrays appas pour prendre nos François.
Lors ta muse sera de cestui la prisée
Auquel auparavant tu servais de risée.
Il sera bon aussi de te faire advouer
De quelque Cardinal (1), ou te faire louer
Par quelque homme savant, afin que tes louanges
Volent par ce moyen par des bouches estranges.
Mais il faut que le livre où ton nom sera mis
Tu donnes çà et là à tes doctes amys.
Ainsi t'exempteras du rude populaire,
Ainsi ton nom partout illustre pourras faire :
Car c'est un jeu certain, et quiconque l'a sceu,
Jamais à ce jeu là ne s'est trouvé deçeu,
Surtout courtise ceulx auxquelz la court venteuse
Donne d'hommes savants la louange menteuse.

---

(1) Ici, comme le remarque fort judicieusement M. Edouard Fournier, du Bellay se critique lui-même.

Qui au bout d'une table, au disner des seigneurs,
Deplient tout cela, dont furent enseigneurs
Les Grecs et les Latins, qui de faulses merveilles
Emplissent, ignorans, les plus grandes oreilles,
Et abusent celui qui par nom de savant
Desire, ambitieux, se pousser en avant.
. . . .
Un vieux rusé de court naguières se vantoit
Que de la république un discours il traitoit ;
Soudain il eut le bruit d'avoir épuisé Romme,
Et le savoir de Grèce, et qu'un si savant homme
Que lui ne se trouvoit. Par là il se poussa,
Et aux plus haults honneurs du palais s'avança,
Ayant mouché les roys avec telle pratique,
Et si n'avoit rien fait touchant la république.
Toutefois cependant qu'il a esté vivant
Il a nourri ce bruit qui le meit en avant,
Jusqu'à tant que la mort sa ruse eut descouverte,
Car on ne trouva rien en son estude ouverte,
Ains par la seule mort au jour fut révélé
Le fard dont il s'estoit si longuement célé.
Quelque autre dit avoir entrepris un ouvrage
Des plus illustres noms qu'on lise de nostre age,
Et jà dix ou quinze ans nous déçoit par cet art ;
Mais il accomplira sa promesse plus tard
Que l'an du jugement. Toutefois par sa ruse
Des plus ambitieux l'espérance il abuse.
Car ceux-là qui sont plus de la gloire envieux,
Le flattent à l'envy, et tachent, curieux,
De gaigner quelque place en ce tant docte livre
Qui peut à tout jamais leur beau nom faire vivre.
Ce trompeur par son art très-riche s'est rendu,
Et son silence aux roys chèrement à vendu,
Noyant en l'eau d'oubly les beaux noms dont la gloire
Seroit, sans ses escripts, d'éternelle mémoire :
Car les Parthes menteurs, faulx, il surmontera,

Et nul (comme il promet) n'immortalisera.
Mais il peindra le nez à tous, et pour sa peine
De les avoir trompez d'une espérance vaine,
Dessus un cheval blanc ses monstres il fera
Par la ville, et du roy aux gages il sera.
C'est un gentil appas pour les oyseaux attraire,
Ce que d'un autre dit le commun populaire,
Qui par les cabaretz tout exprès délaissoit,
Quatre lignes d'un livre et outre ne passoit
Avec un titre au front, qui se donnoit la gloire
D'être le livre quart de la Françoise histoire.
Qui doncques, je te pry, nyra que cestuy-cy
Ne soit des plus heureux sans se donner soucy,
Qui quatre livres peult de quatre lignes faire,
Qui du roy pour cela est montré du vulgaire,
Qui pour cela de France est dit l'historien,
Et auquel pour cela on fait beaucoup de bien ?
. . . .

Les contemporains se hâtèrent de mettre des noms propres à ces portraits et de donner le nom véritable de l'auteur. On l'attribua généralement à du Bellay et l'on y vit une attaque contre Paschal. En ce qui est de l'auteur, les mauvaises langues tombèrent juste, car la pièce est, pour ainsi dire, marquée au coin du génie de du Bellay. Je crois qu'elles se trompèrent en ce qui est du personnage visé. Du Bellay, et avant lui Turnèbe, n'a pas voulu, à mon avis, quoi qu'en dise Pasquier, désigner dans ces vers une seule personne, mais plutôt ridiculiser une coutume qui prenait beaucoup d'extension, celle de partir pour l'Italie en compagnie d'un ambassadeur français et d'en revenir ensuite avec quelque titre acquis au delà des Alpes ou quelque ouvrage médiocre composé dans la Ville Eternelle. Comme *le Poète courtisan*, publié à sa suite, *la nouvelle Manière de faire son profit des lettres* n'est qu'une nouvelle attaque contre l'influence italienne, si grande alors et si vivement combattue par la Pléiade. J'en trouve la preuve dans les traits assez généraux de cette satire et dans les divers auteurs qu'on a voulu y voir représentés (1). Au reste, on a pu le voir, quelques-unes des critiques de du Bellay retombent aussi sur lui-même (2).

Quoiqu'il en soit, Paschal ne garda pas rancune et le beau rôle fut de son côté. Du Bellay mourut peu de temps après (1 janvier 1560), frappé d'apoplexie à l'âge de trente-cinq ans, et son ami composa pour lui une épitaphe fort digne que je reproduis (3) :

D. Immortali. S.

Joachimo Bellaio Andegavensi, veteri et illustri familia nato, viro singulari, bonitate atque modestia optima, et

---

(1) M. Edouard Fournier, qui ne connaissait pas l'explication donnée par Pasquier, veut y voir le portrait de Charles Fontaine et soutient sa thèse avec des arguments fort ingénieux.

(2) « La Pléiade, dit M. Lenient dans son livre sur *la Satire en France au XVIe Siècle*, la Pléiade qui prétendait ressusciter tous les genres connus des anciens, depuis l'ode et la tragédie jusqu'à l'idylle, dût penser aussi à la satire. » Et le savant professeur, dans les satires de du Bellay, qu'il appelle un léger pastel qui avait déjà toute la grâce, la finesse et la sobriété d'une œuvre antique, admire à juste titre la délicatesse de la touche, la noblesse enjouée du style et l'art de la composition, choses bien nouvelles alors en France (p. 118).

(3) Cette épitaphe, inconnue à tous les biographes de du Bellay, ne dut pas être gravée sur le tombeau du grand poète. Elle se trouve dans le *Teatro d'huomini letterati* de Le Ghilini (1647, in-8°, T. II, p. 116), et aussi dans Swertius, *Selectæ christiani orbis deliciæ* (Cologne, 1622, in-18, p. 634). On n'ignore pas à combien de recherches a donné lieu la question de savoir en quel endroit a été inhumé J. du Bellay. Ce point a été définitivement éclairci par un extrait du registre cartulaire de Notre Dame publié par M. de Gaulle (*Journal des savants*, 1881, p. 258).

spectatiss. fide predito, ingenio, literis atque doctrina prestantiss. Poeta et Latino et Gallico doctiss. omnium laude celebrato : qui cum in incommodam valetudinem nimio litterarum studio jam diu incidisset, ex eaque multos jam annos surdasset. et tandem surdus factus esset cum omnibus ipse ita se obsurduisse, et sibi omnes obmutuisse videret, est oculis ipsi sibi audiendum, & amicis et familiaribus manu loquendum esset : cumquel vel hoc ipsum ob incommodum humana hæc omnia ut fragilia, et caduca vehementer despiceret, calend. Januar. hilaré admodum cenatus, dum amplius cranion cerebrum continere non posset, multa humoris in fauces stillante fluxione, modico temporis intervallo magno omnium suorum merore suffocatur.

Petrus Paschalius, et vetus, et verus amicus amico incomparabili dolens Pos. Non. Jan. M.D.LX.
a Christo nato. Vixit ann. XXXVII.

Paschal avait, du reste, composé d'autres épitaphes pour des personnages marquants : c'est lui, par exemple, qui fit celle de Hugues Salel, mort abbé de Saint Chéron en 1553 et avec lequel il était uni par une amitié fort étroite (1).

Après Ronsard et du Bellay, nombre de poètes célébrèrent aussi Paschal. Olivier de Magny lui adresse plusieurs poèmes de toutes sortes dans lesquels il loue fort l'historiographe (2) ;

---

(1) En voici le texte : « *Hugoni Salellio Cadurco qui ex regia mortuo Francisco ut se totum otio et doctrinæ dederet Carnutum venit ubi aliquot post annos diuturno et mortifero morbo affectus de vita plaplacide et constanter decessit. Anno a salute mortalibus restituta M.DLIII. Vixit an XLIX. men. VI.* »

(2) On en peut trouver la liste au nom de Paschal dans la table alphabétique par laquelle M. Ernest Courbet a clos son excellente édition de Magny.

Tahureau lui envoie une élégie que Guillaume Colletet n'hésite pas à regarder comme une de ses meilleures productions (1); Claude de Buttet, Savoisien, le nomme très honorablement dans ses vers (2).

Est-ce à dire que Paschal fut digne de toutes les exagérations que se permit la poésie à son égard ? Non assurément. Trop rabaissé par les uns, trop loué par les autres, il ne méritait

Ni cet excès d'honneur ni cette indignité.

Sans méconnaitre les grands défauts qui dégradent son œuvre, la vanité dont il était trop infesté, je pense qu'il y a place, entre ces deux opinions extrêmes, à un sentiment intermédiaire. Je persiste à croire qu'il fallait avoir un certain courage pour tenir devant le sénat de Venise la conduite qu'il eut, être doué d'une certaine faconde pour éblouir, comme il le fit, les plus célèbres de ses contemporains, pour s'être enfin si bien posé à la cour de Henry II.

---

(1) *Mignardises amoureuses de l'admirée*, par Jacques Tahureau, du Mans. Edition de Prosper Blanchemain. 1868, in-16, p. X.

(2) *Œuvres poétiques de M. C. de Buttet publiées par le bibliophile Jacob*. Paris, 1880, t. II, p. 29.

VI

Après avoir essayé de raconter la vie de Pierre de Paschal et de le juger comme orateur et comme historien, il n'est pas inutile de donner ici, en terminant, la liste complète de ses œuvres avec quelques indications bibliographiques. Voici tous les renseignements que nous avons pu recueillir a ce sujet :

Petri Paschalii adversus Joannis Maulii parricidas actio in senatu veneto recitata. Ejusdem Gallia, per prosopopœiam inducta ad venetam remp. ; oratio de legibus, Romæ habita, cum juris insignia caperet ; Epistolæ in Italicâ peregrinatione exaratæ. *Lugduni, apud Seb. Gryphium*, 1548, in-8° de 164 pp. et 2 ff. pour l'errata et le dragon.

J. C. Brunet le fait sortir des presses d'Alde à Venise et il ajoute : « Ce volume assez rare passe pour avoir été imprimé par Jean Gryphius de Venise, dont le nom se trouve au frontispice de certains exemplaires au lieu de l'ancre et du nom d'Alde, tandis que dans d'autres exemplaires on lit : *Lugduni, apud Seb. Gryphium*. Vendu (avec le nom des Alde) 2 liv. 5 sh. vente Butler ». Tous les exemplaires de cet ouvrage qu'il m'a été donné d'examiner portaient cette dernière mention et parmi eux je citerai celui de J. Aug. de Thou que possède actuellement la bibliothèque de l'Arsenal. Selon toutes les vraisemblances, ce petit volume fut imprimé à Venise chez Alde (cf. *Lettres de Paschal*, p. 163, et voir la préface que Mauléon Durban a mise en tête de l'ouvrage suivant). Les violences qu'il contenait contre

Venise durent le faire interdire par les réformateurs, chargés aussi de la censure, et on le mit alors sous le nom de Seb. Gryphius, de Lyon. De là l'extrême rareté des exemplaires portant la marque et le nom d'Alde.

L'oraison de M. Pierre Paschal, prononcée au sénat de Venise, contre les meurtriers de l'Archidiacre de Mauléon, traduicte de latin en françois par le protonotaire Durban, et nouvellement imprimée par commandement de la Royne de Navarre. Du mesme, France par prosopopée à la république de Venise. *A Paris, par Vascosan, rüe S. Jaques*, M.D.XLIX petit in-8° de 52 ff. non chiffrés, sig. A. G. (et non A-F, comme le dit Brunet).

Henrici II, Galliarum regis, elogium, cum ejus verissimè expressa effigie, Petro Paschalio autore. Ejusdem Henrici tumulus, autore eodem. *Lutetia Parisiorum, apud Michaelem Vascosanum* M.D.LX. Ex privilegio regis. In-folio, avec le portrait de Henry II gravé en taille douce et l'effigie de son tombeau gravée sur bois.

Outre les seize feuillets qui contiennent ce qu'indique le titre ci-dessus, ce volume renferme en outre la traduction française de l'éloge de Henry II faite par Lancelot de Carle, évêque de Riez, par commandement de la Reine mère du Roy (16 pages, y compris l'extrait du privilège royal), la traduction italienne faite par Antoine Caracciolo, évêque de Troyes (16 pages) et la traduction espagnole de Garçi Sylves, de Tolède (13 pages). « Ainsi complet, dit J. C. Brunet, ce livre conserve encore quelque prix, principalement à cause du portrait et de la gravure sur bois, mais il est de toute fausseté qu'il n'en ait été tiré que cinq exemplaires, comme on n'a pas craint de l'écrire sur un exemplaire provenant de l'avocat Beauconsin (n° 566 de son catalogue) et dont on demandait dernièrement mille francs. Celui de J. Aug. de Thou s'est donné pour 7 fr. 95 à la vente Soubise, en 1789; une autre, reliure à compartiments dorés, 30 fr. Mac. Carthy ». En

1881, un troisième exemplaire de cet ouvrage sur grand papier, aux armes du connétable Anne de Montmorency, a été adjugé à 5,500 fr. dans la vente de la bibliothèque du marquis de Ganay (Cat. n° 232). Ce précieux exemplaire avait une belle reliure à compartiments en veau fauve, sur un fonds plus foncé, formant de riches entrelacs, rehaussés de blanc et de filets d'or. En 1882, à la vente Sunderland, un exemplaire relié en vélin a atteint le chiffre de 340 fr. (Cat. n° 9365). Enfin, la bibliothèque nationale possède trois exemplaires du même ouvrage, dont l'un est de toute beauté : c'est celui qui fut déposé, par ordre de Catherine de Médicis, à la bibliothèque de Fontainebleau. Il est relié en maroquin, avec armoiries, légende et chiffre sur les plats, et, en tête, sur un feuillet ajouté, s'épanouissent les armes de Catherine peintes à la main.

M. G. Duplessis (*Le Peintre graveur*, tome IX, *Paris*, 1865, p. 5) attribue à Jean Cousin les deux gravures qui se trouvent dans cet ouvrage. « Plus prudent, dit-il, que M. Rob. Dumesnil, nous nous contenterons jusqu'à plus ample information de regarder comme étant uniquement exécutés d'après les dessins de Jean Cousin, en dehors des deux ouvrages mentionnés plus haut (*Le Livre de Perspective* et *le Livre de Pourtraicture*), un assez grand nombre de planches de la *Bible* de Leclerc, et un livre fort beau, trop peu connu, à cause de sa rareté, et dont les vignettes rappellent absolument la marque de *Jean le Royer*, placée sur le frontispice du *Livre de Perspective*, et qui porte pour titre : *Henrici II*, *Galliarum regis*, *elogium*, etc.... »

Henrici II, Galliarum regis, elogium, cum ejus verissimè expressa effigie, Petro Paschalio autore. Ejusdem Henrici tumulus, autore eodem. *Lutetiæ Parisiorum, apud Vascosanum.* M.D.LX, cum privilegio, in-8°.

Edition in-8° du même ouvrage publiée la même année par le même libraire ; elle contient, comme la première, les traductions française, espagnole et italienne de l'éloge de Henri II. Prosper Marchand, dans son *Dictionnaire*, article Carracciol. note H, dit qu'il en existe une édition in-4° que je n'ai pu trouver dans aucune des grandes bibliothèques de Paris. La traduction française de Lancelot de Carle, évêque de Riez, a été en outre réimprimée à Lyon, 1560, in-8° et à Paris, chez Vascosan, in-8°.

Ad principes christianos cohortatio pacificatoria. *Lugduni, apud Joan. Tornæsium.* M.D.LV. Cum privilegio regis. in-8° de 29 pages.

Cette brochure qui porte pour épigraphe : « *Et nunc, reges, intelligite ; erudimini qui judicatis terram* », est attribuée par Dupuy à Pierre de Paschal (Bibliothèque nationale, *collection Dupuy*, n° 624).

En outre de l'œuvre imprimée de Pierre de Paschal, il existe encore quelques manuscrits contenant des fragments assez considérables de ses *Histoires*. J'en connais trois : le numéro 11,481 du fonds latin, Bibliothèque nationale, le moins important de tous, qui contient seulement quelques feuillets du premier livre ; le numéro 18,339 du même fonds, indiqué par erreur au catalogue comme une histoire de l'Ecosse, qui renferme en entier le deuxième, le troisième et le quatrième livres ; enfin, le numéro 624 de la collection Dupuy qui contient des fragments très-longs du premier livre et le second livre. Le rapprochement de ces trois recueils permet donc de reconstituer à peu près complètement les quatre premiers livres de l'histoire de Paschal.

Quant au manuscrit cité par le P. Lelong sous le numéro 17,748 de sa *Bibliothèque historique de la France* et appartenant à la bibliothèque du collège des prêtres de l'oratoire, à Troyes, j'en ignore les destinées ultérieures.

PETRI PASCHALII

HISTORIARUM FRAGMENTA (1)

LIBER II

. . . .

Dum hæc in Scotiâ geruntur, Anna Mommorantius cornestablius quem in Aquitaniam, ut concitatam plebem comprimeret cum equestribus et pedestribus copiis, abs rege missum suprà diximus, jam cum exercitu Tolosæ erat : et ex senatûs burdegalensis literis et eorum qui Burdegala venerant sermone hanc fuisse causam conflatæ seditionis intelligebat. Sunt in Olavinensi, Alvertea et Rea insulis atque aliis multis in locis oræ Santonum maritimæ salinæ multæ fructuosissimæ, quibus antiquitùs salarium vectigal a Galliarum regibus erat impositum. Illud erat quartæ salis pars, quæ in ipsâ salinarum strue a publicanorum ministris aut accipiebatur, aut salis pretium æstimabatur. Hoc vectigal non gravatè vectigales pendebant. Sed cùm res hæc nonnullis Regis quæstoribus (qui acutissimè omnia indagant et odorantur quique omnes vel maximè abstrusos nummos olfaciunt) ea

(1) Ces fragments se trouvent dans le manuscrit coté sous le numéro 624 de la collection Dupuy au verso du folio 98, et dans le manuscrit 18,339 du fonds latin au verso du folio 13. — A ceux de nos lecteurs qui voudraient avoir le récit complet de cette sédition, nous recommanderons la lecture du chapitre que le Président Boscheron-Desportes consacre aux mouvements bordelais de 1545, dans son *Histoire du Parlement de Bordeaux* (1877, 2 vol. in-8°).

esse videretur, in quâ maximum quæstum fieri posset, Francisco regi in concilio injecerunt majus vectigal salinis imponi debere, magnum auri pondus quotannis ex eâ re cogi posse, vectigal illud non in salinis modo, sed aliis etiam in locis quo sal a mercatoribus e salinis evectum asportatumque esset deberi. Novum igitur esse imponendum. Placuit hoc regi et ejus consilio : cui non rem familiarem exagerare non placet ? Edictum repentè uberrimum et quæstuosissimum nascitur, ut omnes mercatores etiam extrà salinas pro sale, ut in salinis fecissent, rursus pensitarent. Adduntur alia nonnulla, quæ rationes omnium valdè commutarunt, ad antiquas salinarum leges. Creantur publicani ; exigitur novum illud vectigal acerbissimè. Displicuit hoc populo et se idem iniquo et gravi et inusitato vectigali premi non obscurè querebatur. Hocque a plerisque palam, temerè id quidem sed quantâ cum desperatione dicebatur, extero alicui regi obtemperare, quam suo ità servire sibi multo utilius esse. Accedebat eorum qui hæc vectigalia exercebant atque exigebant ardens avaritia et suorum nummorum brevi recuperandorum effrenata cupiditas. Emerant enim abs Rege exigendorum vectigalium officium et munus pecuniâ non parvâ. His et similibus ex rebus, talibusque ex ministris optimi quique Reges tyranni nomen sœpè subeunt. Tales administratores, qui quæstus, vel potius auferendi vias omnes norunt, emolumenti sui gratiâ aliorum commoda ad se rapiunt, quodque cuique possunt (exitu prius et ratione defensionis quoquo modo instituta) detrahunt. Ut tyranni nunquam majoribus damnis quemquam cœgisse videantur et hæc mala non tam ab istis, quam ab ipsis Regibus, manâsse. Quæ peccata Reges et principes omni cura prœcavere debent semperque meminisse regna et imperia, quibus maximè subjecti delectantur, ea esse longè firmissima. Istorum hominum in pecunia omnia ponentium injuriis populus exagitatus non occultè suspirabat, gemebat jam, loquebatur et clamabat. De publicanorum importunitate deplorabat et conquerebatur ; sed ad quem hominem istorum injurias et suas miserias deferrent non habebant. Judicibus ex edicto judicare necesse erat et omnia juris quâdam specie administrabantur. Hoc accidit tandem, ut populi vis, et non occultum odium, in actum sic erupuit. Cùm judex quidam salinarum pauperculam quamdam mulierem tanta mulctasset mulcta, ut eam suffere nullo modo posset, ea tam graves et queribundas hoc de judicio voces misit, ut vicinos primum ad misericordiam, deinde ad odium, postremo ad arma commoverit. Hinc plebis prima concitatio et seditio. Ea dicitur fuisse ad Jurigniacum, non longè ab urbe Angolisma, quodam in vico, facta. Quæ sic per totam ferè Aquitanniam serpsit atque progressa est, ut paucis diebus imperita multitudo in armis fuerit. Creantur duces, centuriones, præfecti : omnia fiunt tumultosissimè. Obsidentur viæ ; quœruntur furiosè salinarum præfecti, quique salis vectigal exigebant a seditionis. Excipiuntur plures ac crudelissimè trucidantur. Mercatores atque prætereuntes viatores per hanc occasionem ab iisdem diripientur et occiduntur. Ac tanta in illis fuit immanitas, ut mortui unius tractum corpus et laceratum, multo sale conspersum, in flumen alligatum abjecerint. Crescebat quotidiè hominum seditiosorum multitudo, quæ in Santonibus et Andegavensibus instar hostilis exercitus vagabatur. Ac cùm illorum furori Amblavileus, gravis armaturæ equitum quinquagenorum signifer, sese opponere vellet, coactus est Amblavilleum castellum, ubi ille habitabat, diripiendum inflammandumque relinquere. Quod non solum est ab his direptum atque incensum, sed aliæ domus omnes et villæ quæ ejus esse dicebantur fuerunt complanatæ. Hunc enim huic tyrannidi, ita loquebantur, favere et mali hujus publici participes apud se occultare conclamabant. Seditiorum duces qui in diem vivebant nec eorum consilia futurum tempus spectabant, tanquam reges et summi magistratus edictum communiter componunt ; et non solum bonorum mulctatione, sed capitis pœna proposita locis omnibus edicendum et proponendum curant, ut arma omnes pro communi libertate et veterum privilegiorum conservatione capiant. Quo proposito, pœnæ formidine multi, alii novarum rerum cupiditate, spe futuræ prædæ plurimi, arma capiunt. Hoc fit non solùm Burdegaiæ circumque Burdegalam, sed etiàm apud Lemovicos, Petracoricos, Santones, Pictones. Quos populos tanta cæpit amentia, ut, cœcâ quâdam cupiditate rapti, importunâ crudelitate et scelere ferrentur. Vulgi enim temeritas semel incitata in proclive labitur, nec pacto ullo sustineri potest. Ruppella, quod est oppidum in Santonibus maritimum, et Saiandangelium, etiam oppidum satis munitum, sola quieverunt. Burdegalæ, totus animorum ardor et armorum extitit, ut paucis horis homines ad quattuor millia in armis fuerint. Quâ re urbis magistratus commoti, Fristanum Monentium Aquitaniæ, Rege Navarræ absente, proregem, qui Baionam quædam ob negotia publica erat profectus, harum omnium rerum certiorem per publicas litteras faciunt. Monent, ut nullâ interposita mora, si Burdegalensibus civibus, si Aquitaniæ, si Regno Gallico quam plurimum prodesse, si singularem operam rebus communibus navare velit, statim veniat. Permagni interesse illum quam celerrimè Burdegalam reverti. Magnum ibi tumultum esse commotum. Hoc accepto nuntio, Monentius repentè evestigio Baionâ digreditur. Atque ita, vel publicis litteris vel suo genio, dicitur fuisse percussus, ut, his lectis, suspirans, eum tumultum finem sibi vitæ facturum præsagierit. Burdegalam reversus, rebus omnibus cum senatus præsidibus et Regis consiliaris et urbis consulibus, quos Juratos vocant, communicatis, solus ille res omnes multitudini, in qua consilium nullum, nulla ratio, discrimen nullum esse poterat, communicandas putavit eamque (ejus multitudinis animos mitigatum iri existimans) in consilium adhibendam. Consultant his de rebus in domo publica consulto januis apertis, ut qui consilio interesse velint, intersint. Loquitur Monentius apud populum demissè atque humiliter. Rogat ne, quemadmodum vicini vici et oppida faciant, tumultuentur ipsi : Regem ipsis gratiam pro ipsorum debito et præstito officio redditurum. Addit alia multa, sed ejus sermonem unus de populo seditiosus et turbulentus civis, Guillotinus cognomine, interrumpit. Clamat vicina oppida quod ita pro veterum Aquitaniæ privilegiorum conservatione arma cæperint, benè et e re communi fecisse ; debere idem cives, si vivi essent, in civitate facere : illorum præclaros conatus non modo non comprimendos, sed modis omnibus adjuvandos, ac in repetendâ communi et a majoribus acceptâ libertate ne mortem quidem acerbissimam fugiendam esse. Huic, hæc et alia talia clamitanti imperita, quæ ubi aderat multitudo cum fremitu acclamabat. Tumultuosè illinc decurritur : urbs tota tumultu personat. Dimittitur consilium. Id paulo post Monentius rursus advocat, viros primarios atque amplissimos civitatis tantum adhibet ; communi consilio censent Trompetam arcem majoribus præsidiis, ut has, si fieri posset, omnes seditionum vias intercludant, esse muniendam. Ii ex domo publicâ pulverem tormentarium et commeatum in arcem introferre volentes, a seditiosis sunt prohibiti. Fuerat adhuc Burdegalæ summa quidem, sed sine acerbitate dissensio, nam multitudo etiam commota magistratus autoritatem et vultum extimescebat. Sed quotidiani rumores, qui ex Santonibus, ubi vaga seditiosorum errabat multitudo, afferebantur et nimia illa Monentii in populum indulgentia sic eorum animos jam excitatos inflammarunt, ut omnem omnium cupiditatum suarum intolerandam licentiam sibi darent. Ac cùm hanc malorum civium temeritatem prorex et alii magistratus monendo, rogando sedare vellent, ipsi seditiosi magis ac magis incendebantur ac moniti atque rogati deteriores fiebant. Vulgi enim hœc est natura : aut humili deseruit animo aut intolerabili arrogantia dominatur. Proregem extraneum esse hominem nonnulli clamabant. Alios esse domesticos, qui illud proregis munus sustinere et possent et deberent, dictitabant. Fridericum Fuxium Candalum inter cœteros nominabant. Quibus exauditis vocibus, Monentius, qui antea de salute rei communis metuebat, de suâ magis ac magis metuere cœpit atque ita ut a constantia ac a mente nonnunquam timore discedere visus fuerit. Sibi tamen, ut hæc imminentia mala ab se prævisa atque precauta essent, cavendum, putavit. Quam ob rem ex ea domo in qua proreges habitare solent quæ *Lamereria* vulgo dicitur, ad Trompetam arcem sese recipit. Quâ re intellectâ, concitatus populus furere cœpit et omnia scelera anhelare. Qui suis jam armis erant armati, quorum erat duorum circiter millium numera, domum publicam concurrunt ; ex publico armamentario arma, præfectis quibusdam distribuentibus, concitato populo dantur et quasi autoritate publicâ concitatæ multitudinis armatur temeritas. Nonnullis consulibus et aliis magistratibus repugnantibus, seditiosi cives acerbam mortem proponebant et sese armatos homines in domos privatas immissuros minabantur. Tormenta bellica majora tracta partim in quibus visum est compitis, — partim in locis ad duas arces verberandas idoneis collocant. Ad turrim Templi advolant et ad majores excitandos motus Campanam Majorem ferro territi pulsant. Quo tumultuoso ac terribili agnito sonitu, boni cives terrentur ; perniciosi ad effrenatum et præcipitem quemdam furorem magis ac magis impelluntur. Senatus qui tum erat ad curiam congregatus, hoc exaudito tumultu, decrevit ut Godofridus Chassaneus, senatus præses, ætate venerandus, civis ipse Burdigalensis, magnis in

10

rebus spectatus et cognitus, tribus sumptis regiis consiliariis, cum concitato populo totius senatus nomine allocutum iret, tantæ seditionis causam ab eodem quereret, etiam atque etiam, ut is desipiens ad sanitatem rediret, diligenter operam daret. Adeunt ad furentem populum ; in ejus congressum atque colloquium veniunt. Non indulgenter et cum gravitate potius loquitur Chassaneus. Demonstrat luctum ac mœrorem miserabilem universæ civitati impendere ; si quid publicæ res detrimenti cepissent, id omne universis civibus aliquando assignatum iri ; regem absentem his de rebus certiorem esse factum : eum rem tantam, nisi quieverint, minimè neglecturum. Quod si populus de publicanorum cupiditatibus et injuriis expostulet, regem, qua est clementia, effecturum, ut his omnibus incommodis oppressus populus levetur, et in reliquum tempus vectigalibus prospecturum. Viderent modo boni, ne turbulenti quidam cives et novarum rerum cupidi reliquorum civium conjunctionem dirimerent. Blaviam, Santonum promontorium, Burgum, Liburnum et omnes vicinas urbes, vicos, oppida omnia in armis esse. Summum esse periculum ne totius Aquitaniæ sentina ad Burdegalam diripiendam confluat. Ipsi sibi, dum est tempus, caveant, ne, cùm velint, sit integrum. Ad hæc complures cives respondent ea omnia, quæ ab illo dicerentur, vera esse ex hisque maximum dolorem capere : sese paratos esse, quæ Regis nomine juberentur, omnibus ex partibus sequi. Populum hoc unum, ut Monentius ex Trompetâ arce egrediatur et domum de quâ demigravit redeat, flagitare. Quod si erit factum, concitatos civium animos tranquillari posse. Interea egentium horribilis quidam fremitus tota urbe exauditur. Ad arcem, in quâ Monentius erat, summo cum strepitu, fremitu et clamore concurritur. Rixa vecors : nec mirum, singuli nam cùm essent operarii et natura et moribus barbari, nihil boni poterant esse universi. Præsidem domum redeuntem consules, magnâ seditiosorum catervâ comitati, conveniunt eumque populi nomine obsecrant, ut, si rempublicam Burdegalensem salvam velit, Monentium moneat atque deprecetur ut ex arce primo quoque tempore egrediatur, Lamereriam revertat ; id si fecerit, populum illi obtemperaturum. Ad Monentium confestim Præses, seditionis sedandæ cupidus ire perrexit. Quæ ab his acceperit multis audientibus exponit : periculosum tamen esse ex arce egredi et sese temeritati multitudinis commitere nutu, quoniam verbo vix poterat, significavit. Monentius qui in coacta multitudine in armis et telis vim manifestam esse videbat, vias omnes, quas sibi in deliberando proponit, perspicit ancipites. Videbat vim populi in horas multo sœviorem in urbe, multoque vehementiorem fieri. Audiebat seditiosorum præfectos magnis cum catervis foris vagari, vincula solvere, nullam illis legem, nullam religionem, nullum existimationis pudorem, nullius apud eos gravem autoritatem esse. De voluntate præterea certorum magistratuum veniebat in dubium. Intelligebat ex altera parte Regis et principis boni, cujus ipse locum obtinebat, munus esse levitati multitudinis resistere et ne qua detrimenta rebus publicis per seditiones importentur operam dare. Solicitabatur ita deliberatione Monentius, ita multa in utramque partem veniebant in mentem. Hoc tandem cœpit consilium ex arce postridie exeundum esse, et ad Lamereriam ut plebi concitatæ satisfaceret redeundum. Petit tamen ut plures corporis sui constituantur stipatores. Conclamat quæ circum arcem erat multitudo et sese omnia, quæ ipse jusserit, modo sine ulla mora egrediatur, esse facturos confirmant. Spe sedandæ seditionis ex arce exiit, et se populi potestati commisit et credidit. Turbâ prœeunte et sequente maxima, ad Lamererian, non adversa populi acclamatione, deducitur. Eo dum est ventum, consules et alii qui cum eo erant magistratus, ut pote qui pacatam jam et tranquillam civitatem esse existimarent, domum abeunt. Sed ecce non ita multo post nova alia turba atque rixa. Arcis claves a Monentio, ut quos ex suis velint in eam immitant, efflagitant. Ille et Chassaneus, qui solus ex magistratibus cum eo remanerat, de fenestra populum alloquuntur. Obstendunt pactiones, quas Monentius antequam ex arce esset egressus fecisset sancte servatum iri, ipsumque eo ipso die quos cives in eam intromitti velit nominaturum : fidem modo ipsi suam, qui se minime tumultuaturos, si ea, quœ jam ex majore parte fecit, fecisset, magnis acclamationibus promiserint, liberent ; quod si fecerint majora etiam quam postulent, eos abs se impetraturos confirmant. Res jam eo erant loci redactœ, ut qui obtemperare magistratibus et obedire sine ullo recusatione debebant, cum magistratibus quod facere officium eos oportebat, illud quasi depaciscerentur et debitam obedientiam abiicerent. Quod malum quam sit perniciosum ex eo conjici potest, quod, neglecta magistratuum ac legum (quarum omnes homines servi, ut liberi sint, esse debent) auctoritate, societas hominum et vitæ communitas nunquam non concidit. Vulgus eo magis commovebatur. quo magis eum Monentius et promissis et oratione benigna lenire studebat. Quod cum animadverteret de salute civitatis et sua desperans Chassagneum rogat ad consules ut addeat, moneat ne se solum tantam inter turbam deserant, quos publicè stipatores se missuros erant polliciti, eos quamprimum mittant. Rem celeritatis indigere. Monentur ea de re consules a præside diligenter. Sed inter has moras, seditiosi cives adventu eorum qui ex vicinis oppidis et vicis in civitatem confluxerant, vehementius excitati, eo insolentiæ processerant. ut causam aliquam manus Monentio afferendi quærerent. Erat Lestonacus regis Navarræ cubicularius homo cupiis amplississimus, qui prnadium Monentio proregi parandum curarat. Cùm primo ferculo uvæ in lancæ illi afferentur, fuit inter cæteros navicularius quidam homo præposterus et perversus qui uvam ex lance summa per insolentiam abripuit et se magis, ut sibi afferentur, quam is, cui afferrebantur, meritum esse vociferavit. Quam indignitatem dissimulavit Monentius et, ut hominem turbulentum sedaret, eum lance et cæteris racemis summa cum comitate donavit. Hanc lenitatem multi appellabant mollitiem nimi ; plurimi ignaviam, dicebantque si austerè ille cum seditiosis initio egisset, ad tantam nunquam insolentiam fuisse perventum. Seditiosi hujus inhumanam et intolerandam barbariam permulti mox sunt imitati. Hominem paulatim circumsistunt. Ille ut ex eorum manibus, quoquo modo, evaderet, torquem aureum, satis magni ponderis, sibi de collo detraxit et projectum his dono dedit. Hoc cùm plures occupatos impeditosque teneret, unus seditiosorum, qui omnes ejus motus observabat, eum sese ex domo subtrahere conantem est secutus et maxillam dextram ferro contentè excussit. Ille cùm gladium e vagina educere vellet et secundum impetum repellere, omnes unum circumveniunt, in terram prosternunt et multis mortiferis vulneribus eum conficiunt. Cum eo crudeliter etiam interficitur homo nobilis quidam, ejus domesticus et familiaris. Corpus Monentii discerptum et dilaceratum in vicum publicum trahunt, ubi duos integros dies, cœno, multo sanguine admisto, oblitum nudum et insepultum mansit. Hoc commisso facinore, sicarii tota civitate dispersi volitabant atque vaga bantur, sceleribus addentes scelera. Multæ diripiuntur domus, complures eo die homines ante omnium oculos indignissimè trucidantur. Ipse Chassagneus præses a seditiosis perquiritur. Inventus, arma quæ vix ferre poterat sumere et ferre senex tremebundus cogitur et nolens seditiosorum fit præfectus. Multi quieti cives et publicæ tranquillitatis amantissimi atque etiam magistratus, sacerdotesque consulto, ut hanc populi immanitatem aliqua ex parte temperarent cum seditiosorum turba sese commiscebant et eorum sequi partes aliquando fingebant. Ad Trompetam arcem, de quâ suprâ sumus locuti, omnes postridiè convolant. Cum iis, qui a Monentio prorege ibi præsidio erant relicti, de deditione agunt. Cives viginti a seditiosis nominati in arcem recipiuntur. Qua re contenti, paulisper a crudelitate animum ad lustra et helluationes referunt. Complures vinolenti furiosa quadam vinolentia per urbem bacchabantur. Plurimi vino et somno obruti, et quasi sepulti, passim fusi sine mente ac sensu, stertentes jacebant. Ita eorum vis et audacia in horas elanguit, furorque concitati populi, eo potissimum modo, est infractus. Boni cives, tempori servientes, dant diligenter operam, ne quod majus detrimentum civitas capiat. Conveniunt unum in locum omnes : de communi sententia decernunt, ut judicia rursus exerceantur, et munus unusquisque suum obeat. Interea Anna Mommorantius conestablius Tolosâ secundum Garumnam flumem Burdegalam accedebat. Erant cum eo Franciscus Lotharingius Aumalus, et Paulus Termius. Ille Regiam sequebatur eratque apud Regem admodum gratiosus. Hic non ita pridem ex Gallia Transalpina venerat et domum suam, quod in ejus locum alius in Italia esset suffectus, sese domum, ea re contentus, receperat ; tamen a conestablio rogatus cum eo Burdegalam est profectus. Erant in eo exercitu Gallorum peditum signa XX, Germanorum XI et satis magnus equitatus. Burdegalenses cùm intelligunt Conestablium cum exercitu appropinquare, obviam illi suppliciter et demissè procedunt ; rogant ne Germani milites in civitatem ingrediantur : sesse paratos esse exercitui reliquo portas aperire. Ad hæc conestablius asperè et vehementer respondit Germanos milites non minus Regis esse quam essent cæteri, temerè eos facere, qui quomodo agere debeat sibi prœscribant. Etiam nunc eos insanire ? Quod si omnibus statim portas aperiant, se habere paratas claves, quibus latum militibus aditum patefaciat. Tormenta bellica quæ secum ad muros verberandos ducebat claviun nomine intelligebat. Consules et qui obviam venerant in urben mæsti et conturbati redeunt. Ille universo cum exercitu militari ordine Burdegalam est ad XII Kalend. Septembris, anno post natum Christum M.D.XL.VIII, ingressus. Milites vicatim disponit, tormenta bellica quibus locis est visum collocat. Quibus constitutis rebus in seditiosos cives studiosê inquiri jussit et res omnes ad consilium referri. Vi oppressa, agi omnia sine vi, sine metu, sine periculo ; dici, exponi, demonstrari omnia ; acri bus tantum (ut tantorum facin orum et tam atrocium crimina exigebant) et severis judiciis manifesta maleficia puniri voluit et tantam perniciem ex Burdegala atque adeo ex tota Aquitania deleri. Absentium quidem nomina ab inquisitoribus recipiebantur ; sed nemo nunquam sine crimine et religioso teste est damnatus. Tandem omnibus rebus diligenter perquisitis, urbs universa majestatis rea declaratur. Consules et alii nonnulli urbis magistratus numero ad XIIII, qui civitatis totius personam gerebant, collo in laqueum incito, hoc judicium, civitatis totius nomine, subierunt. Lato in civitatem ipsam universam judicio, in reum quemque privatum postea fertur. Nonnulli vivi comburuntur ; multis franguntur cervices ; in patibulis plurimi suspenduntur. In triremes magnus damnatus numerus. In non paucos verberibus et exsilio est animadversum. Arma omnia publica, et armamenta et omnia damnatorum bona publicantur. Tabularium deturbatur. Tabulæ publicæ civitatis, leges privatis civibus irrogatæ publicè, spectantibus ad eorum contumeliam consulibus, incenduntur et in posterum antiquis uti privilegiis et datis immunitalibus omnes cives prohibentur. Ut domus ipsa publica publicis operis disturbaretur, et ad memoriam nefarii sceleris sempiternam complanetur publico judicio est decretum. Præterea ut campanæ non solum quæ in urbe sunt, sed quæ in tota Aquitania e sacratis suis turribus deficiantur omnes et æs liquefactum etiam publicetur. Ut omnes sumptus in eum exercitum, quo esset compressa seditio, factos faciendos cives darent et eo nomine aureorum nummorum centena millia dependerent. Ut consules, et qui cum consulibus totum civitatis corpus representabant, Monentium proregem mortuum, in Carmelitarum templo nullo sepulturæ honore furtim humatum, lugubribus induti vestibus, facibus accensis funebribus, ex eo loco extraherent et ad magnum Divi Andreæ fanum pompa publica in sepulchrum publicè decretum inferrent, inque eo sepulchro hoc epitaphium inscribendum curaret :

Tristani Monentii equitis, rege Navarræ absente in Aquitania proregis, ossa hic sita sunt. Qui dum proregis munere fungeretur et seditionis accensas faces conaretur extinguere a Burdegalensibus civibus perfidiose crudeliterque trucidatus in ipsa trucidatione mortem oppetiit XIII Kalend. septemb. anno a salute mortalibus per Christum restituta M.D.XL.VIII.

Publico, inquam, est decretum judicio, ut, dum ipse Monentius funere effientur, ipsi consules cum tota pompa, dum ad Annæ Mommorantii Conestablii hospitium esset ventum, consisterent, et ibi, genibus advoluti, suo de maleficio confiterentur, misericordiam lamentabili voce implorarent et exposcerent, ac Regi, quod non in eos gravius animadvertendum putaret, gratias agerent. Ut solemnia Monentii tumulo pecunia publica ritu romano et usitato referrentur. Quæ omnia ut judicata, ita facta sunt. Domus tamen publica, ne disturbaretur, est impetratum. Severitas judiciorum, postquam initio est in certos homines seditiosos adhibita, eadem postea fuit lenitate et misericordia mitigata. Petentibus Germanorum præfectis, multis civibus reis Conestablius dat veniam. Eodem tempore Angolismæ, et aliis locis, de multis scelestis et nefaciis hominibus, qui seditionibus Aquitaniam exagitarant, gravissimum supplicium est sumptum. Misso in Santones, Lemovicos, et quo alio visum est, equitum præsidio Burdegala discessit et, dimisso exercitu, in Regiam, non gloriosisssi, man victoriam consecutus, est reversus.

www.ingramcontent.com/pod-product-compliance
Ingram Content Group UK Ltd.
Pitfield, Milton Keynes, MK11 3LW, UK
UKHW031936260826
14628UKWH00004B/1669

9 782013 624473